The Law of Mind
Practical Work

Kuru Asami

復刻版

潜在能力を引き出す極意

マインドの法則

実践ワーク

メンタルトレーナー
久瑠あさ美

――復刻版に寄せて――

100年先の人間の「在り方」を問う マインドプロセスデザイン

「自分は何者であるか」この問いにあなたは何と答えますか。

この問いに応えていくことは、自らの人生の意味を見出していくことへと繋がっていきます。生きることの意味と日々向き合い、そこに価値を創出し続けることができれば、自らの存在は、社会にとって意義あるものとなります。

〝いま〟をどう生きるのかを決めるのは、「心の在り方」です。

誰もが「心の視点と視座」を高めていける〝心の業〈ワザ〉〟を体得しさえすれば、「在りたい未来」を自ら創り出せるようになります。目の前に起きている現実の捉え方を変えることができれば、未来を自ら動かすことができるからです。そのために必要なのが、誰もが持つ潜在能力なのです。

『マインドの法則』の実践ワークは、これまで10万人の心で実証されてきた確実な変化をもたらすメソッドです。それは、さまざまな職業、性別、年齢を超えたどんな状況下においても、そこに参加するすべての人の心の階層（マインドポジション）が高められる〝場と空間〟を生み出す重層的なメソッドです。

20年のトレーニングの場で起きたそうした心の変化を体系化し、まだ見ぬ未来の〝潜在ニーズ〟に応える「心の在り方」として、【マインドプロセスデザイン】を構築するに至りました。人類が人間のゲノムを探求し続け、革新的な発見を成し遂げてきたことと同じく、一人ひとり違う考え方や行動を引き起こす「マインド」に焦点を当て、「心のマイクロスコープ」を覗き込むようにして潜在意識に着目し、一人ひとりの人間の潜在能力と、その測り知れない可能性を活用するための「心の在り方」を解明し続けてきました。

「マインドデザイン研究所」では様々な発見と開発を重ね続けることで、実証してきた知見的モデルを、いまここに、社会に広く実用的なしくみとして纏め上げました。

これまでも、そしてこの先も、時代を揺り動かし変革を起こせるのは人の心です。

その心の可能性をいかに拡げていけるかに挑み続けていくこと——それは、この先の人間の「心の在り方」として、さらには地球の未来において最も重要な課題として、問われていくでしょう。
久瑠式トレーニングによって心の視点が高まり、自己の潜在能力が引き出されることで、個人の多様性が活かされる〝場と空間〟（環境）が生まれます。例えば、自己実現や成長に向けて取り組むなかで、個人の得意分野や特性が見つかり、それを生かした貢献ができる場面が生じるのです。このように、個人の多様性が尊重され、活かされることで、組織や社会全体においてのダイバーシティが実現されるのではないでしょうか。

社会、組織、企業というものは、一人ひとりのマインドの集合体で構築されています。だからこそ、個々に違うマインドを有用に扱うことのできる【マインドプロセスデザイン】が必要とされるのです。それは組織全体の人間力を引き出し、その先のグローバルな未来に繋ぐ、潜在的な価値を創出していくに違いありません。
その鍵を握るのが、人間の意識の9割を占める潜在意識なのです。

２０２３年　４月吉日　久瑠あさ美

はじめに
あなたの中にある無限の可能性、信じてみませんか――

本書の前編ともいえる『人生が劇的に変わるマインドの法則』は２０１２年の発刊以来シリーズ10万部を突破するロングセラーとなりました。

あれから今年で12年目の春を迎えます。

「人間はとてつもない力を潜在的に持っている。それゆえ、自分を信じる勇気さえあればその力は自ずと発揮できる」

と綴った私の言葉は、そのまま年月を経て真実味を帯びてきています。

前著を手に取って読んでいただいた多くの方が、全国から私のトレーニングルームに訪れてくれました。

その一人ひとりの**マインド（心）**と向き合い、それぞれの想いを現実のものにすること。

「自分の人生も変えたい」と誰もが思っています。

一人残らず、その想いに応え続けていきたい……。

それが私の次なるビジョンとなっています。

そして現在に至るまでに、延べ10万人の心と向き合い続けてきました。


そこで起こる奇跡のような瞬間は、私に何度も教えてくれます。それは、「**人生は変えられる。そして、劇的にしか変わりようがない**」という真実です。

そこに「例外はない」と断言することができるのは、一人ひとりの人生と向き合ってきた、そうした私自身の実体験があるからです。


私がたどり着いたメソッド、【マインドプロセスデザイン】は、どんな方の人生にも劇的な変化をもたらし、効果を発揮します。

何よりの確信は、私の人生をも劇的に変えたということです。【マインドの法則】を実践することで、**私の潜在意識が私の未来をまさに動かしたのでした。**

「潜在意識に働きかけることで、あなたの人生は劇的に変えることができる」

【マインドの法則】でそう宣言した私に、さらなるアクセルを踏み込ませたのは、全国の読者の方々から寄せられた声でした。

それは、多くの方の「変わりたい」「自分の人生を変えたい」という本気の願いが、私自身の本気の**［want］（原動力）**となったからです。

そして、再び、そこから先はまた、やったことのない未知なるチャレンジが始まりました。それはいまも続いていて、日々チャレンジの連続です。それらを可能にしているのが、やはり自分自身の、私自身の潜在能力なのです。

人生には良いときも、悪いときもあります。それは誰にとっても同じです。

「冗談じゃない。なんでこんなことが起きるんだ」

そんな理不尽で苦々しい体験をすることもしばしばあります。けれどその反面、

「嬉しくて、飛び上がりたい」

「これだから、人生って最高に面白い」

そう思える瞬間もまた必ずやって来るのです。

人生の逆境が訪れたとき、私はいつも思います。

「これは、未来の自分が〝いま〟の自分に難題を送っているに違いない。そしてその難題は、《難有り＝有難い》ことを教えてくれているに違いない」と。

私はそう受け止めるようにしています。

綺麗ごとでは片づけられない無理難題が、次から次へとやってくる。けれどそれは、そうやって私の〝未来〟が、〝いま〟の私に教えてくれている――。そう感じると、「これは〝有難い〟こと、人生にとっての課題なのだ」と感じられるのです。

そしていま、自分はどれほどのものなのか、未来の自分から試されている……そう思えるのです。

それゆえ私はいつも、「自分にはできそうにないこと」を大切にしています。

自らの潜在能力を引き出す絶好のチャンスとして、未来からやってくるパスを受け止めていくこと。それこそが、私の提唱する【マインドの法則】の実践なのです。

「職場でいろいろなことがあっても、落ちこんだりしなくなりました」

「毎朝、目覚めてから、今日は何が起きるのか楽しみです」

毎月開催している〈心を創るマインド塾〉という、メンタルトレーニングの塾では、多くの方からこんな声をいただいています。参加する塾生たちは、

「変わらない人生なんてないね」

と断言してくれるほどです。何より、

「変わりましたね！　一瞬誰かと思いました」

「まるで別人みたい……。驚きました」

と人から言われて、一番驚いているのは、本人だったりします。

変化は、数週間で訪れます。潜在意識に働きかけるトレーニングの実践は、何年もかかるものではありません。


この〈心を創るマインド塾〉を始めた当初は、

「こんな私も変われるのでしょうか」

といった質問をする参加者がいましたが、いまでは、

「自分にまたいつ変化が訪れるのか、楽しみにしています」

と話してくれます。【マインドの法則】を実践し、成果の現れている人は年々増加してい

ます。また、同じ塾でトレーニングを受けている塾生同士が、参加者の変化を目の当たりにすることで、「変化は本当に起こるのだ」と実感を互いに深めています。

本書でお伝えしたいことは、こうした実践の場で、私がどのようにメンタルトレーニングを行ない、訪れた一人ひとりの人生をいかにして変えてきたのか、その実際についてです。

人生を変えるために必要なのは、マインドの在り方を変えること。

そのためには自らにかかるメンタルブロック（心の壁）を外《はず》し、**パラダイムシフト（マインド改革）**を引き起こしていくこと。

そのために必要なものとは何か……。

それらをたっぷりとお伝えしていきたいと思います。

久瑠あさ美

復刻版 潜在能力を引き出す極意
マインドの法則 実践ワーク 目次

第2章 マインドセットアップ　何ものにも囚われない自由なマインド 95

第3章 リーダーシップマインド　自然とリーダーになってしまうマインド 151

第4章 プロフェッショナルマインド 会った瞬間に、特別な人になれるマインド

第5章 マインドマスター そして最高の視点へ 267

エピローグ

プロローグ

これからお伝えするのは、私がメンタルトレーニングの現場で日々行なっている、実践トレーニングについてです。

人生を劇的に変えるために不可欠な、**潜在意識に働きかけるトレーニングとは何か**について、フォーカスしていきます。

私のメンタルトレーニングは、**心の視点（マインド・ビューポイント）を引き上げることで、自らの内側に眠らせている可能性を最大限に引き出し、潜在能力を発揮させることを**目的としています。

前著の『マインドの法則』では、私とクライアントとの1対1のパーソナルトレーニングを通して、人生を劇的に変えていった多くのマインドの無限の可能性についてお伝えしました。

本書では、そうしたパーソナルトレーニングと並行して、実践的に行なっているトレーニングについても公開し、読者であるあなた自身が、自らのマインドで体得できるよう、お伝えしていきたいと思います。

【マインドの法則】を出版してから、この間にメンタルトレーニングの形も、「個」で向き合うパーソナルトレーニングに加えて、実践トレーニングの場である〈心を創るマインド塾〉、そして【マインドの法則】を連日連夜集中的にマスターする〈心の実学〉という、3つの柱を中心とするトレーニングスタイルとなりました。

目指すものは、いかに自分のマインドに内在する潜在能力を引き出すか。言い換えれば、いかにして自分自身の、**無自覚な潜在意識を引き出すか**、ということです。

ここでご紹介するのは、

「最短で、確実に、自分の人生を変えたい。そうなれるよう、自分を鍛える方法を知りたい」

と言って訪れた10万人以上のクライアントとの、トレーニングの現場から生まれたメソッドです。前著に比べてさらにパワーアップした「久瑠式メンタルトレーニング」の全体像を、本書で初公開いたします。

その前に、『マインドの法則』でご紹介した私のメンタルトレーニングの3つのプロセスについて、読まれていない方のためにも、ここで触れておきたいと思います。

［want］（原動力）

❖「〜したい」といった熱意や意志などの内的エネルギー

［want］とは、ここでは、英語で意味する「顕在的《けんざい》な願望」ではなく、無自覚で「潜在的な願望」を指します。

人生には、対処のしようのないことがいくらでも起きます。

普段の力では、どうにもならない逆境の場面において、乗り越えるためにはどうしたらいいか。そこに必要なものは、**潜在意識の中から生まれる衝動的な強い原動力**です。

「こうで在《あ》りたい未来」をあなたが手に入れられるかどうかは、この内的エネルギーをあなた自身がいかにマネージメントするかにかかっているのです。

「イマジネーション」（創造性）

❖「想像」から「創造」を生む、生産的でオリジナルな「発想力」

「イマジネーション」を働かせ、「自分の未来はこう在りたい」という鮮明なビジョンを創り出します。そうすることで、潜在意識は加速して動き始めます。

「ｗａｎｔ」と「イマジネーション」、この2つを連動させることではじめて、**より大きな潜在的な力を引き出すことができます。**

「できないと思っていたことが、できるようになる」

「無理だと思っていたことが、可能になる」

人間の能力の限界は、現状の顕在的な力の限界ではなく、あなたの**「イマジネーション」**の限界です。あなたの「イマジネーション」の限界が、あなたの限界を生み出しているだけなのです。

それは、あなたが「イマジネーション」を大いに駆使することさえできれば、現実の人生も、未来も、いくらでも変革することは可能なのだということ意味しているのです。

［マインド・ビューポイント］（心の視点）

❖自分を高みに上げ、俯瞰《ふかん》して可視化する心の視点

あなたが、あなた自身の「心の視点」を引き上げ、自分を高みから見る（可視化する）と、自分自身、他人、その他すべてのものが一段高い視点から俯瞰できます。

それにより、いままで以上に多角的に物事をとらえられるようになります。すると、目に見えるモノだけでなく、目に見えないモノや情報までもキャッチすることができるようになります。そうなれば、いつ何が起きても、自在に対応することができるようになります。

同時に、自らの心の内側でうごめいている感情をも、達観視（客観視）できるのです。自意識をコントロールできるようになれば、不安や迷いといったネガティブな感情からあなたは解放されます。**［マインド・ビューポイント］**が高まると、すべてに平常心でいられる。物事に楽に関与することができるようになれます。それにより、できること、やれることが格段に増え、「在りたい自分」を創り出すことが可能になるのです。

以上の［ｗａｎｔ］［イマジネーション］［マインド・ビューポイント］、この3つのプロ

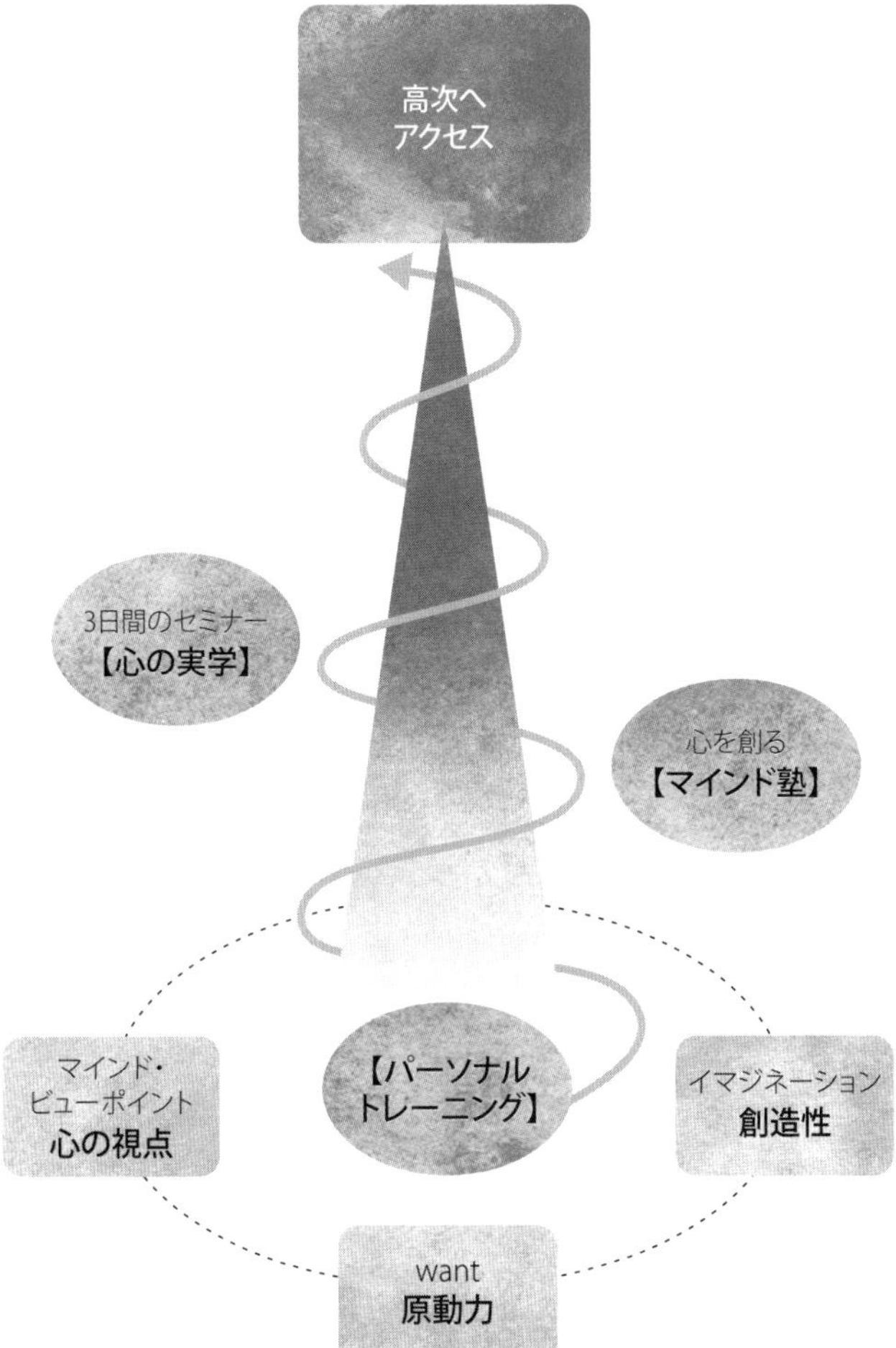

短期間で、劇的に変化を出していくために誕生した「久瑠式トレーニング」は透明な螺旋階段を上るように高めていく

図１　高次へアクセス

セスを実践的にマスターできる体感トレーニング。それが〈心を創るマインド塾〉です。〈心を創るマインド塾〉では、**心の階層を5段階に分けて、その後トレーニングしながら意識を段階的に引き上げていきます。**メンタルトレーニングで目指すものは「心の達人」とも呼ぶべき第5段階のマインドマスターです。

第1段階「マインドチェック」　自分を見つめる
第2段階「マインドセットアップ」　自分を動かす
第3段階「リーダーシップマインド」　他者を動かす
第4段階「プロフェッショナルマインド」　潜在意識を動かす
第5段階「マインドマスター」　社会を動かす

第1段階から第5段階まで、透明な螺旋階段を上がるように「マインド・ビューポイント」を高く引き上げていくことで、**誰もが、自然な形で、潜在的な力を発揮できるようになれます。**

これまでの自分の経験や性格などは関係ありません。トレーニングで働きかけていくのは、

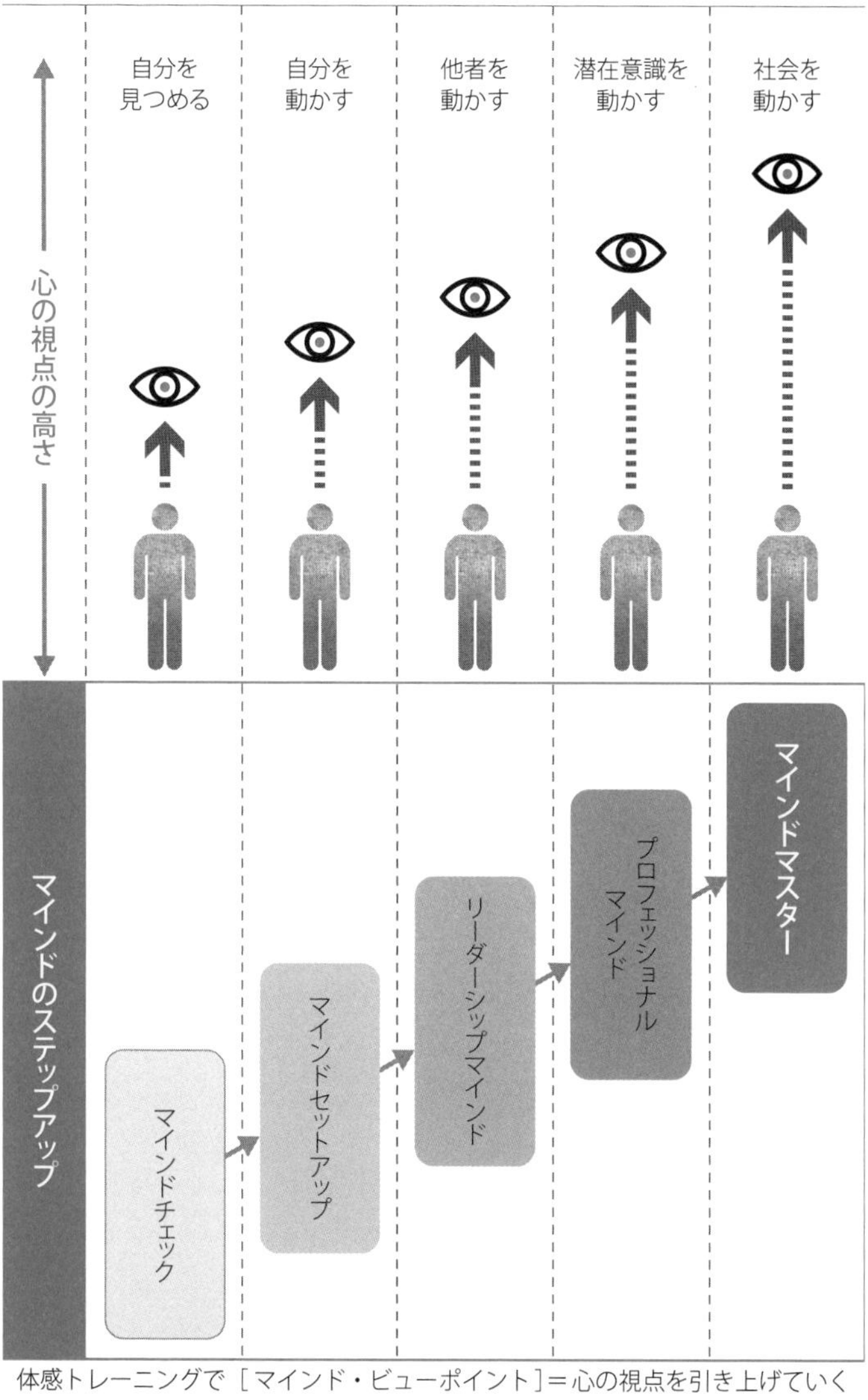

図2　心の視点と5つの階層のためのトレーニング

無自覚な領域、潜在意識だからです。

〈マインド塾〉は集団で行ないますが、ワーク（トレーニングメニュー）では「個人」のマインドを扱います。「個」と「個」を合わせ鏡のようにして、自らのマインドを扱うので、様々な「心の視点」を体感でき、一人ではつかみ取れない感覚を短期間で習得できるのです。

〈マインド塾〉で行なうワークは、塾を始めた当初から、すべて即興で行なっています。

その日集まった参加者のマインドを前にして、生まれてくる体感で創り出すトレーニングが、何より効果が高いからです。

私が伝えたいのは知識ではなく、感動です。そのため参加者の頭に説く講義ではなく、心に響くライブパフォーマンスで、目に見えない「何か」を体得してもらうことを目的としています。その場にいるだけで、参加者は心の視点が上がってしまう――そんな空間を創り出していきます。

こうして、目には見えない「心の階層」を引き上げるトレーニングを毎月1回続けていくと、参加者の中に、目を見張るような成長を見せる人々が続出します。そうしたことが重なったため、

「【マインドの法則】をもっと日常に取り入れる体感的なワークを行ない、連日連夜、たたみかけるようにして、集中的にマインドと向き合うことで、参加者の変化を加速させたい」という想いから誕生したのが、半年に一度、〈心の実学〉を学ぶ集中セミナーでした。

このセミナーでは、72時間連続して「無自覚な自分自身と向き合い」続けながら、様々なワークショップを体験。心理体験の繰り返しの中でメンタルブロック（心の壁）を外し、人間力そのものを大きくしていきます。

【マインドの法則】を日常で活用する実体験を通して、集中的（3日＝72時間）に体感トレーニングを行なうことで、一人ひとりのマインドにパラダイムシフトを引き起こしていきます。

私はこの〈心の実学〉集中セミナーの初日には参加者の一人ひとりにこう伝えます。

「今日ここに来たから、人生が変わるわけではありません。本気で自分自身と出逢う勇ましさを引き出し、自分が〝やる〟と決めた人だけが、明日を変えていくことができます。そしてそれが1か月先、半年先、1年先の人生をも変えていくのです」

あなたに、いま、この瞬間の覚悟、意志決定があるかないか。そこからすべては始まります。問われるのは、**あなたが本気で自らの人生を変えたいと思っているかどうか**、です。

「そのときが来たらやればいいだろう」

その程度の覚悟では、すでに遅れを取っています。本気で未来を変えたいのならば、「**いまやること**」です。いまやるためには、それよりも早く決断することです。

それこそが人生を劇的に変えるマインドの法則のメソッド、**【マインドプロセスデザイン】**でもあります。

あなたの未来を動かす、〝心の業〈ワザ〉〟を体得することのできる「**無自覚な意識**」＝**潜在意識のトレーニング**を、どうぞあなたも始めてみてください。

第1章 マインドチェック
「自分を知る」から始める

この問いにどう答えるかで、人生の9割が決まる

いきなりの質問ですが、あなたは自分のことを日頃、どう思っていますか。

1　自分は特別で、優秀な人間である
2　自分はそこそこの、人並みの人間である
3　自分はどことなく人より劣《おと》っている人間である

多くの人は、1の優秀な人間でありたいと願いながら、2の「そこそこできる自分」で、「そこそこの幸せ」を感じようとしています。そして、3の「人よりも劣ること」に無自覚な不安を、心のどこかに感じ続けているものです。

メンタルトレーニングでは、この問いにどう答えるかが非常に重要になります。

この問いであなたが問われているのは、**自分自身をどう扱うかによって、この先のあなたの価値が決まる**ということです。

未来に、特別な人間になりたいのならば、いまの自分を特別なものとして扱うことが大切です。未来に、人並み以上でありたいというのならば、いまの自分を人並み以上として扱え

ばいいのです。

特別な人間であるかどうかは、あなた自身が決めることです。とかく人間は**自分以外の誰かに評価の決定権をゆずり、他人の決めた「何か」を素直に受け入れよう**としてしまいがちです。

しかし、**あなたはすでに特別な人間なのです**。

人並みの意識ではなく、「特別である」という意識をいまこの瞬間持てるかどうか、です。そこが大切。そして、特別であるかどうかの答えを、1年後ではなく、いま自分のものにできるかどうか。そこを問われているのです。

「特別な人間になりたい」

そうした願望を多くの人が抱きます。特別な人間になるために、必死になっている人もまた多くいます。けれど特別な人間になるための行動を、平常心で日々こなしている人となると、そう多くはいないのが実情です。

「いかにして自らの〝マインド〟を扱うか」――あなたの人生の重要なテーマは、そこにあります。

「自分」という存在を持て余していないか

「肝心なときに、上手《うま》くできない」

「やる気はあるのに、実行できない」

「どうにかしたいのに、どうにもできない」


自分という存在を持て余し、厄介ものとして〝自分〟を扱ってしまっていませんか。

〝自分〟を放りっぱなしにして、他人ばかりを知ろうとしてはいませんか。

あなたはどうでしょう。あなたは自分自身をいったいどの程度、知っているのでしょうか。


あなたの人生に、唯一無二の真実があるとすれば、それは〝自分〟という存在のみ。けれど多くの人は、いまだその〝自分〟とまだ出逢っていません。この広い世界の中で、あなたがまだ出逢っていないもの、それは**潜在意識に眠る〝自分〟という存在**です。


私のメンタルトレーニングでは、「あなた」が主役です。

あなたを知るために心理学や脳科学を活用することはあっても、それはあくまでも脇役。

何より大切なのは、あなたという存在を輝かせること。あなた自身が「自分の人生は最高だ」と感じられることです。


「自分」とは、いったい何者か。

どんな性格をして、どんな行動パターンを持っているのか。

そして、その自分の潜在能力は、どんな可能性を秘めているのか。

自らの潜在意識に存在する、もう一人の「自分」を知ること。

すべてはそこから始まります。


あなたがどれほどたくさんの本を読み、知識や情報を習得しようとしても、**自分の中に眠っている「もう一人の自分」と出逢う以上の、感動を味わうことはないでしょう。**

心のパラダイムシフトは、あなたの外側ではなく内側で起こるのです。

それゆえ私のトレーニングでは、この「無自覚な自分」という存在を確固たるものにするために、まずは**自らのマインドチェック**からスタートします。

常に「自分のやっていることはベストである」そう思えるか

ここでもう1つ、質問します。

「あなたは、どんなときでもベストを尽《つ》くしていますか」

この問いに対し、

・「イエス」と答えた人は3・4％（平均。以下同）

・「ノー」と答えた人は38・9％

・ベストな自分で在りたいとは思うけれど、「そんなことは、自分には無理」「いつもベストではないが、そこそこはやれていると思う」と答えた人は57・7％でした。

これは、私がさまざまな講演会で行なっているイメージトレーニングの際、行なったアンケートの回答データです。このイメージトレーニングは、「自己肯定感」を高め、潜在能力を引き上げていくことを目的としています。

答の半数を占める「いつもベストではないが、そこそこやれている感」というのが、実はとても厄介なマインドです。

「まったくやれていないわけではなく。そこそこはやれているから大丈夫」

といった、居心地のよさに慣れてしまうことで、無意識のうちに進化どころか退化へと向かっていることにすら、本人は気づいていないのです。

そのため、「ベストな自分で在りたい」と願いながら、無意識の自分の中では「そこそこやれている、ベストではない自分」をキープしてしまうのです。

「ベストな自分で在りたい」と心底願うなら、「**自分は〝いま〟というこの瞬間もベストである**」と、自分に宣言することが重要なのです。その意志決定こそが、あなたの未来を動かしてくれるからです。

自分がやっていることは常にベストである

と思い続けるマインド。そんなマインドを創り上げるトレーニングは、とても重要です。

「未来の自分は最高の自分になる！」ということを実現するために、「いまの自分も最高の自分である」と思えるマインドを創るのです。

最初は違和感を覚えるかもしれません。しかしそれは未来の自分を信じる力が弱いから。

日常生活を送る中で、

「自分は、いまというこの瞬間もベストである」

「自分がやっていることは常にベストである」

という「自分宣言」を続けていくと、不思議と現実と未来の自分に違和感が感じられなくなっていきます。

「いま、自分はベストだ」

「どんなときも最善を尽くしている」

という想い。その確信こそが、人生にとって最も大切な**自己肯定感を生み出す**のです。

無自覚な潜在意識にアプローチするから、人生は劇的に変わる

「あなたは自分のことをどの程度知っていますか」

この問いに対し、多くの人は「ある程度はわかっている」そう答えるでしょう。

誰もが自分のことをわかったつもりになって、あやふやな自分で、他人のことばかり気にかけては、「人間関係は難しい」と言う。

自分自身を本気でわかろうとしたとき、人ははじめて他人とも確かな関係を築くことができるようになります。

そのためにもまずは潜在意識の「自分」を知る。それが私の唱える【マインドの法則】の重要なスタートラインです。

人間には2つの意識があります。

「意識できている顕在意識」と「意識できていない潜在意識」です。

そして「意識できていない潜在意識」は90%以上を占めているといわれます。つまり、ほとんどの人は、10%以下の意識で自分自身を〝わかったつもりになっている〟ということです。

久瑠式メンタルトレーニングでは、この90%以上を占めるまだ意識されていない潜在意識にアプローチをかけます。それゆえ劇的な変化を起こすことができるのです。

トレーニングを始めると、「自分は、こういう人間だったのか」と新たな自分の一面を次々に発見することで、自分の内側の世界に拡がる無限の可能性に、自ら心を高鳴らせることができるのです。

1：9という潜在意識の法則

私のトレーニングでは、参加者の性格を変えようとしたり、行動を変えさせようとはしません。「こうすべき」といったアドバイスもしません。

人間というのは、意識化できていなくても、潜在的には「どうしたいのか」「どうすることがベストなのか」の答えを自分の中にしっかりと持っているからです。

ただ無自覚な領域であるため、本人は自覚できていないだけなのです。それゆえ、久瑠式トレーニングでは、潜在意識に直にアプローチすることで、クライアント自らその答えを見出すことのできるマインドを創り上げていきます。人間は「わかりたい」「頭で理解したい」と思うと、意識できている顕在意識にどうしても働きかけてしまいます。それゆえ変化を起こせずにいるのです。それは、人間のマインドのしくみにあるのです。

お伝えしたように、「意識できている顕在意識の自分」と、「意識できていない潜在意識の自分」の割合は、1：9です。そのため、「頭でわかりたい」と顕在意識に働きかけてしまうと、わずか10％以下の意識にのみ働きかけることになります。つまり、90％以上の自分が実は賛同していないということです。それでは普段の行動や、長年変えられなかったことな

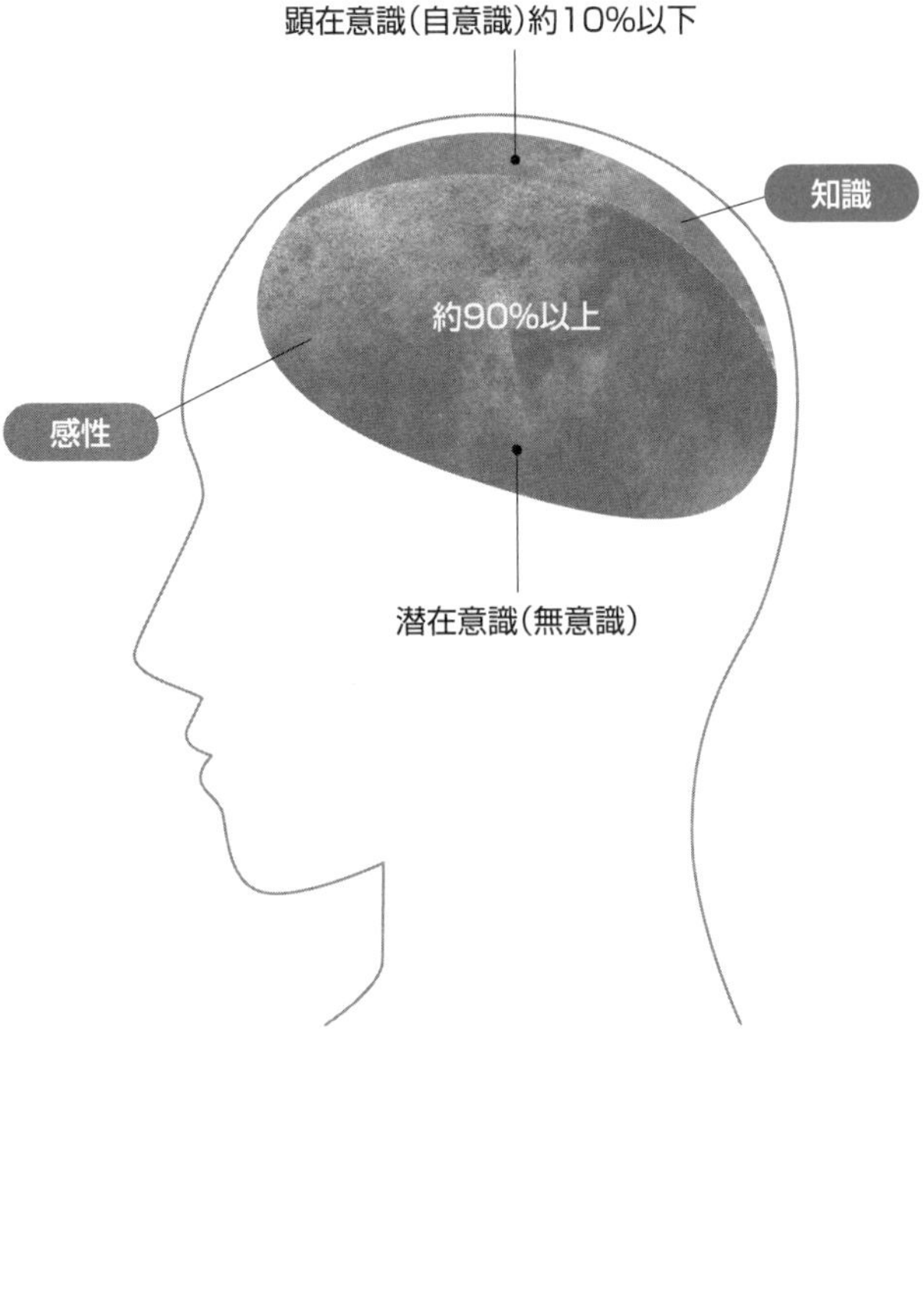

図3　脳の90%は潜在意識

ど変わるはずがありません。いくら意識的に変えようとしても、「何となく変わったような気はする」という程度の、変化には遠く及ばない、いままでと同じ状態です。

残り90％以上を占める潜在意識に働きかけてこそ、真の変化を起こすことができるのです。

人間関係の不具合は無意識と無意識の衝突で起きている

自分のことを最もわかっているはずの自分自身。

ところが、実際は自分自身が一番よくわかっていない、自分が見えていないために、例えばこんなことが起きたりします。

AさんとBさんがいます。

2人がある大切な会合で話し合いました。けれど、Aさんも、Bさんも、自分自身の「意識できていない9割の潜在意識」を感じていない、わかっていないため、相手の「意識できていない9割の潜在意識」も、わかるわけがありません。お互いが、「意識できている1割の顕在意識」で話すために、いつまでたっても会話がかみ合わない。これではお互いの理解を深め合うことなど、到底できません。

話はどこまでも平行線をたどって、次第に論点が微妙にずれ始めていきます。話せば話すほどさらに混乱してしまう事態になっていくのです。

こうなると、次には最悪の場面が訪れます。**それまで二人の間で問題ではなかったことまでが、問題となって浮上してしまう**のです。まさに悪循環です。

自分自身を知ろうとしない、いわば盲点だらけの人間同士が、いくら他人と話し合っても、理解し合えることがあるでしょうか。互いに他人をわかろうとする気持ちがあるのでしょうか。自分をわからない人に、他人のことなど到底わかるわけがありません。

Aさんも Bさんも、他人を理解しようとする前に、まず自分が「無意識の自分」の存在を知ることで、こうしたコミュニケーションの不具合は解消されるのです。

まずは「自分を知る」こと。

それが【マインドの法則】第1段階のテーマであるのは、こうした理由からです。

「他人を大切にしたいと思っている」

という言葉を耳にしますが、これも、本人が自覚できるわずか数%の自分のできる範囲で、大切にしている「つもり」になっているだけなのです。だからこそ、どれほど必死に相手のことを理解しようとしても、最終的には「難しい……」となってしまうのです。

それは、他人を理解するのが難しいのではなく、90%以上の潜在意識を活用しないため、難しい方法を選択しているだけなのです。潜在意識の回路はまったく異次元です。

例えば、旅の途中で壮大な大自然に触れたとき。それまでの自分では理解も説明もできない世界を体験したとき。ただただ感無量で感じるしかない、圧倒されるほどの理解を超える何かと出会った瞬間、感動が内面を走り抜けるような感覚。その感覚につなぐ回路こそが、潜在意識の回路なのです。

「できっこないような、大それたこと」

を目の前にして、

「できるかどうかなんてわからないけれども、とにかくやってみよう」

と動き出した瞬間、人間の潜在能力は引き出されます。**そんなスケールの違いが、顕在意識と潜在意識の間にはあるのです。**

あなたの内側にある「まだ見ぬ力」、あなたがまだ出会ったことのない「圧倒的な力」、それが「あなたの持っている潜在能力」という、とんでもない力なのです。

「変わりたいと思っています」では変わらない

私の本を読んで「自分も人生を変えたい！」と、私のところへ訪れる人の中には、言葉では「変わりたい」と口にしても、実は潜在意識の自分は「変わるつもりがない」という人もいます。いざ「さあ変化を起こそう」とギアを入れると、とたんに「ちょっと待ってください」と逃げ腰になるのです。

でもこれはある意味、誰にでも起こりうる現象でもあるのです。

人間の脳の仕組みが１：９の法則で、「自分の大半を自覚できていない」ために、つまり潜在意識の９割が賛同しないため、覚悟がすぐ入らないのです。むしろ、〝覚悟のギア〟を24時間入れ続けられる人は、並大抵の人ではありません。

また、心のどこかで「変われるだろうか」という自己不信感を抱いていると、脳はそれに反応して、「変わってはいけない」という指令を出してしまいます。そのためあなたの潜在意識は、これから先も「変わるつもりはない」に無自覚にセットアップされてしまうのです。

必要なのはメンタルブロックを外す体感トレーニング

変わらない人生。

変わる人生。

どちらも、その人生を創っているのは、あなた自身。

変わらない人生を変えることはできる。変わりたいと思っても変われないのは、自分の無自覚にかかっているメンタルブロック（思い込み）の仕業《しわざ》です。

まずは、潜在意識の自分を知ること。

そのために必要なものは知識や学習ではなく、潜在意識にアクセスし、自分の内側の深層筋を鍛え上げる体感トレーニングです。

トレーニングによって沸き起こるライブな体感こそ、潜在意識につながる「感じる回路」です。顕在意識につながっている回路が「考える回路」です。

私が伝えたいのは、これまで使ったことのないあなたの意識の使い方です。つまり、顕在意識ではなく、潜在意識の扱い方です。

「できっこないこと」にチャレンジする

「できそうにないことをできるようにする」

そのタイミングで引き出される能力こそが、潜在能力です。

そして、反対に、自らの限界を超えようとする瞬間、無自覚にかかるのがメンタルブロックです。このメンタルブロックを外すにはコツが必要であり、そこには個人差があります。ですがひとたび外せるようになると、その体感は一生ものです。

メンタルブロックを外す感覚は、はじめて自転車に乗れた瞬間や、鉄棒で逆上がりができた瞬間に似ています。

それまで「できっこない」と思っていたことができるようになる瞬間は、誰にでも必ず訪れます。けれども、それ自体は説明できっこありません。考える回路から感じる回路にアクセスするために、普段から自分でハードルを上げながら「できっこない」トレーニングに取り組んでおくことで心は鍛えられていきます。

まずは1日に1分でも自分の可能性に向かい合い、「できっこない」何かに日々、チャレンジしてみることです。そうしたマインドの在り方を日々の中で創り上げていくことが、何より人生を変えていくのです。

「在りたい」自分を知る「生き様《ざま》診断テスト」

「自分の性格を変えようとしてはいけません。性格を変えようとするから、上手くいかないのです」と私は、ことあるごとに伝えています。

「自分を変える＝自分を否定する」ことだからです。

久瑠式トレーニングでは、あなたの性格を活かしながら潜在能力を引き出します。

性格を変えようとしたところで、何年たってもそう変わるものではありません。変えようとして費やす時間こそが無駄です。長所も短所もコンプレックスも、すべて丸ごとひっくるめ活かしてしまう。言い方を変えるならば、自分のいいところも悪いところも活かしきれるマインドに磨き上げればいいのです。

次に挙げる「生き様診断テスト」（54ページから）も、あなた自身の性格の善し悪しを計るものではありません。自分自身がどのタイプかを知ることを目的としています。

タイプがわかると、タイプ別に潜在能力の引き出し方がわかります。自分の本来の在りたい姿で生きられていないのは、性格のせいではありません。ましてや人生が上手くいかないことは性格のせいでは決してないのです。

生き様を持たない人間は無様である

「生きる様が無い」と書いて、「無様《ぶざま》」と読みます。

「生き様」を意識することで、自《おの》ずとあなたの内面には美学が生まれてきます。

多くの人は「こう在るべき顕在意識の自分」を生きています。

久瑠式トレーニングでは、自らの「生き様」を通して「こう在りたい潜在意識の自分」にフォーカス（焦点）を当て、まだ活かされていない残り9割以上の力を発揮させます。

トレーニングを始めると、あなたは何より**自分が好きになります**。**自分を誇りに思うようになります**。そして、いかにそれまでの自分が、表面的な行動や思考だけでわかったつもり

ステップ1

◆下記の16個の質問に、イエスかノーで答えてください。

	質問	YES	NO
X（ヨコ軸）	①パーティなどの人の集まるところに行くのが苦手	●	○
	②自信をなくすことがよくある	●	○
	③物事がうまく進まないとき、原因は自分にあるとよく思う	●	◉
	④理由もなく「孤独だ」と思うことがよくある	●	○
	⑤人を使うことが上手だと思う	◉	●
	⑥気持ちの切り替えが早い	○	●
	⑦ついつい「自分」を語ってしまうことが多い	○	●
	⑧茶目っ気があるほうだ	○	●
Y（タテ軸）	⑨勘がいいほうだと思う	○	●
	⑩本音を隠すことがある	○	●
	⑪人に合わせるのが苦手だ	○	●
	⑫目標は高めに設定する	○	●
	⑬自分は「個性的だ」と思う	◉	●
	⑭先手必勝で勝ちに行くタイプだ	◉	●
	⑮他人の意思に左右されない	○	●
	⑯心配事があると、夜、眠れなくなることがある	○	●

診断

ステップ2

◆マークの種類によって、配点が異なります。

配点　◉＝20点　○＝10点　●＝0点

X（ヨコ軸）

①から⑧までの点数を合計します。

（◉×□個）＋（○×□個）＝□点
20点　10点

Y（タテ軸）

⑨から⑯までの点数を合計します。

（◉×□個）＋（○×□個）＝□点
20点　10点

ステップ３

◆Ｘで出た数字をヨコ軸に、Ｙで出た数字をタテ軸にマトリックス上にプロットしてください。
２つの得点が交わるところがあなたのメンタルタイプです。

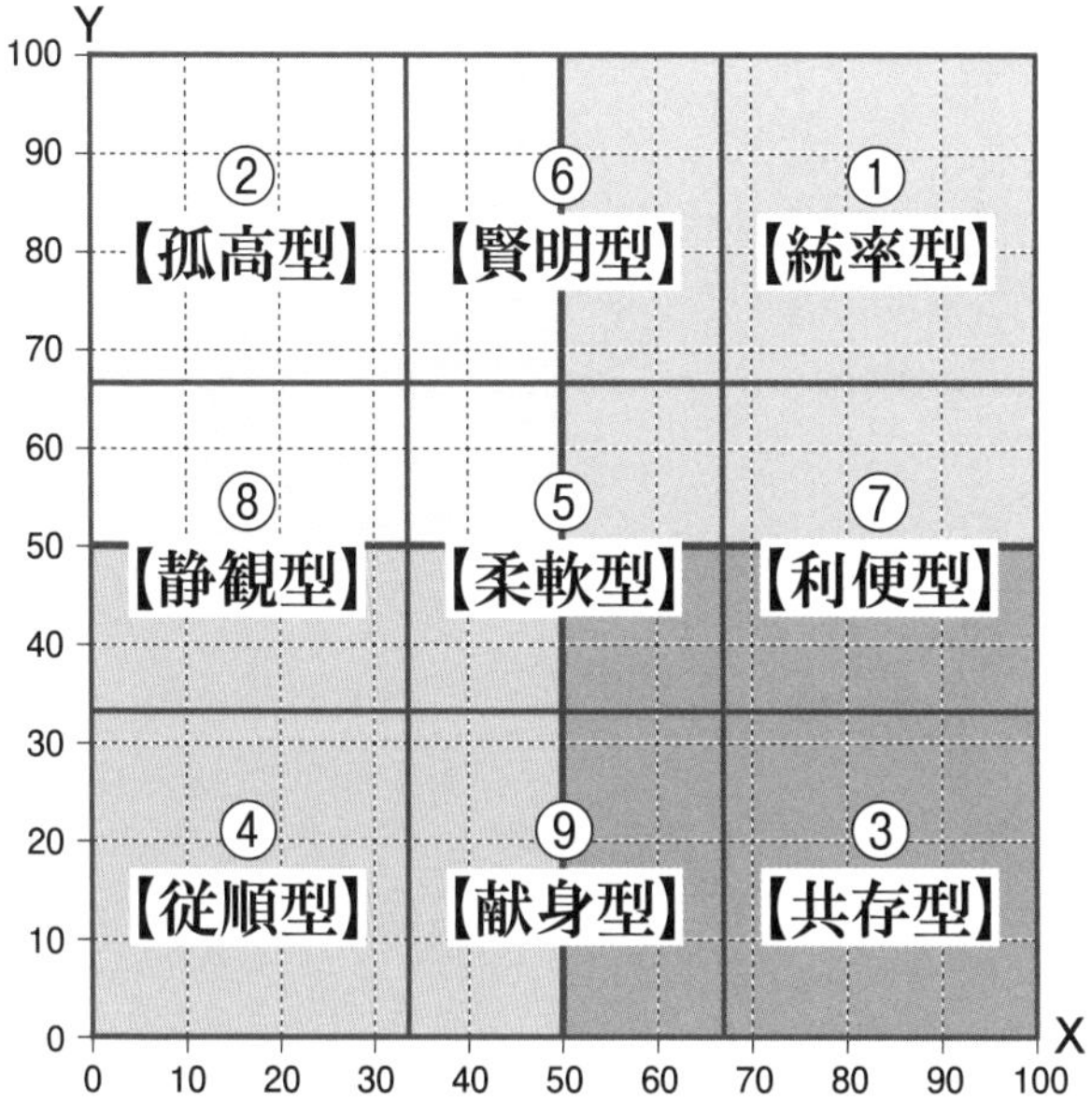

①【統率型】王様タイプ
②【孤高型】ストイックタイプ
③【共存型】ストレスフリータイプ
④【従順型】受身タイプ
⑤【柔軟型】ニュートラルタイプ
⑥【賢明型】王様になりきらないストイックタイプ
⑦【利便型】王様になりきらないストレスフリータイプ
⑧【静観型】ストイックになりきらない受身タイプ
⑨【献身型】ストレスフリーになりきらない受身タイプ

になっていたか、に気づきます。すると、それだけで無限の感動が生まれてきます。

「生き様診断テスト」では、自己肯定度と、アグレッシブ度で、人間のメンタルタイプを4つに大別しています。従来は、ベースとなる「王様タイプ」「ストイックタイプ」「ストレスフリータイプ」「受け身タイプ」の4タイプでしたが、「ニュートラル」を含めた〝境界タイプ〟の5タイプを加えることで、より精度の高いメンタルタイプの把握が可能となっています。メンタルタイプを9つに細分化したことで、自分自身のタイプをより詳細に認識できるはずです。

9つのメンタルタイプの特徴は次の通りです。

①統率型（王様タイプ）

自分に対する肯定感はとても強く、また決断のスピードも速いタイプです。情熱的かつエネルギッシュで、目標を実現するための実行力が備わっています。周りの人間を動かす力に長けた「頼れる兄貴」のような存在です。自分の信念を貫き通すことができるので、周囲から支持を得られれば、大きな成果を出すことができます。

その反面、状況によっては他人に対して攻撃的になることがあり、自己肯定感の強さが「自意識過剰」ととらえられてしまうことがあります。また周りの人間に対して「上から目線」になりがちで、衝突や反発を招きやすいともいえます。

自らを過大評価してしまい、現実がともなわない状況下では、周囲から認められないと「裸の王様」になってしまうこともあります。

②孤高型（ストイックタイプ）

自分の美学とこだわりに対しては強い信念があり、それを一心不乱に追い求めるメンタリティを持っています。

目標達成のためには苦難をものともせず、常に高い理想を求めています。夢を夢で終わらせない粘り強さを持ち、自分の限界を超えるためのチャレンジを何度も繰り返します。

短所として、ときに自分にも他人にも厳しくなりすぎて、「ついていけない人」になってしまうことも。集団の中でうまく居場所を見つけられずに孤立してしまうおそれもあります。高い理想を追求するあまり、それを達成できなかったとき深い挫折感を抱きがちです。

③共存型（ストレスフリータイプ）

自他に対して、とても大らかなタイプです。自己肯定感は強いのですが、だからといって他人に自分のやり方を主張することはなく、お互いにとって居心地のいい関係性を求めています。

他者への「善い行ない」を自分のモチベーションとし、周囲からの期待や信頼などを、柔軟に取り入れて自分のパワーにすることができます。

周囲との調和能力がとても高い反面、極端に争いを避けようとするあまり、曖昧な関係を好み、しがらみから逃れ、さらりとした人間関係を望みます。このタイプの「ストレスフリー」の意味するところは、ストレスを感じないのではなく、極端にストレスを避けようとするのです。目標のハードルを低く設定することで、多くを望まず、安定を求めます。そのため、大きく成長するチャンスを逃してしまうこともしばしばあります。

④従順型（受け身タイプ）

他者に対して寛容で一歩譲ることのできる精神を持っています。自分より他者を尊重する謙虚で従順な面を持っています。気配りにも長けていて、組織や人間関係の中では、縁の下の力持ちとしての自分の役回りをうまく達成し、力を出すことができるでしょう。

短所としては、自己評価がとても低い傾向があることと、また他者に対して依存的でノーと言えない面があります。自己犠牲的な行動パターンが、ときに被害者意識を生むことも。チームでは仕事をする際も指示待ちになりやすく、積極性に欠け、責任の大きいことから逃げてしまう傾向があります。

⑤柔軟型（ニュートラルタイプ）

「王様タイプ」「ストイックタイプ」「ストレスフリータイプ」「受け身タイプ」のメンタルをあわせ持っており、状況や立場によって自分を使い分けられる、臨機応変さを持っているのがこのタイプです。

他方で、自分の個性や本音を強く出さないために、空気のような存在になってしまうことも。存在感が乏しくなり、自らを発揮することができないこともあります。

⑥賢明型（王様になりきらないストイックタイプ）

リーダー的な素質と、目標に向かってストイックに取り組める素質を兼ね備え、周囲の状況を敏感に察知して対応します。自分が動くべきか、他者を動かすべきかといった判断が巧みで適確なのが持ち味です。

ただ、状況に配慮しすぎると、物事の優先順位などを見誤ったりすることがあります。また、自分のように器用ではない人を持て余し、結果的においてきぼりにしてしまい、信頼を失うことがあります。

⑦利便型（王様になりきらないストレスフリータイプ）

野心や自己実現欲求を持ちながらも、周囲との平穏な状態に心地よさを感じるタイプといえます。敵をつくらず、場の空気も壊さずに欲しいものを手に入れる、要領のよさを備えています。

他方、自由であることを求めながら、孤立することを極端に恐れるのが特徴で、自分が抜きん出て目立つことを意図的に避けます。高いポジションや、大きなチャンスを与えられると、急に逃げ腰になることもあります。

⑧静観型（ストイックになりきらない受け身タイプ）

高い理想を目指したいと願いながらも、失敗に備えて保守的な姿勢をなかなか変えられないタイプです。ただし、チャンスが到来すれば人一倍突っ走るタイプともいえます。けれど、成功するのは容易でないと考えがちです。失敗に対する不安や恐怖心が強固で、最初の一歩がなかなか踏み出せないタイプです。

⑨献身型（ストレスフリーになりきらない受け身タイプ）

人生を前向きにとらえながらも、状況によってネガティブにも触れやすいタイプです。他者との関わりを積極的に求めながら、対立や衝突を避けようとするので、人間関係において巧妙に立ち回り、間接的にやんわりと人を動かすことが得意です。繊細で、他者に思いやりがあり、和やかな心配りが得意です。

献身的な姿勢で接する裏には、「いい人でいたいズルい自分」がいます。

心の視点が高く引き上がれば、人生は劇的に変わる

［マインド・ビューポイント］とは、「心の視点」。

心の視点をいかに高く引き上げられるか。それで人生は大きく変わります。心の視点が低ければ低いほど、平面的な人生観となり立体感のスケールも小さくなるため、生き様もちっぽけなものになってしまいます。

「自分を知る」ための「生き様診断テスト」では、自分のこれまでの生き様を、平面から立体へ、視点を変えるという点に大きな意味があります。「マインド・ビューポイント」を引き上げて、これまでと違った自分を俯瞰して見るのです。また、この後にご紹介する「心の視点の高さチェック」も同様の目的があります。

例えば、こんな状況を想像してみてください。

あなたが森を散策しているとき、突然目の前にクマが現れたとします。あなたは当然驚き、恐怖心に駆られるはずです。これは人としては、普通の反応です。誰もが「逃げたい」、そう感じる。目の前のクマに対峙することで「一貫の終わり」、恐怖心という感情の渦に呑み込まれて、あなたの「マインド・ビューポイント」は引き下がります。

すると、自分の心をマネジメントする領域は狭くなり、対処のしようがないと判断し、諦めてしまうのです。

人はどうしても目の前に起こる「目に見えるもの」だけに囚《とら》われて、絶望し、身動きがとれなくなります。けれどその瞬間、心の視点を引き上げられれば、いろいろな選択肢が生まれてきます。「絶体絶命」の危機から「何かできることはあるはず」と希望を見出すこともできるのです。

逆境であなたを救い出せるのは、あなた自身のマインドの在り方。つまりは、「マインド・ビューポイント」が、成否を左右する重要なキーとなるのです。

次ページからの久瑠式「心の視点の高さ診断チェック」では、あなたのいま現在の「心の階層」がわかります。

「心の階層」は、「高層階」「中層階」「低層階」「地上階」「地下階」の5段階に分かれます。

自分がどの階層の住人なのか知ることで自らのマインドの在り方が見えてきます。

まずは、現在の自分の「心の視点の高さ」をチェックしてみてください。階層の違いと、テストの結果をどうとらえ、活かしていくかについて、お伝えしていきましょう。

ステップ1

◆あなたの心の視点の高さをチェックしてみましょう。
A、B、C、3つのゾーンのチェックリストで、自分が該当すると思ったものにはチェックを入れてみましょう。

A

①自分は価値がある人間だと思う …… □
②自分に自信があるほう …… □
③人生を前向きに生きていると思う …… □
④努力すればどんな困難でも克服できる …… □
⑤自分自身に正直に生きている …… □
⑥仲間の失敗は、許すほう …… □
⑦相手の顔の表情から、気持ちを理解できる …… □
⑧考えが全く違う人の意見も、受け入れる …… □
⑨自分や家族のことより、他人の幸せが気になる …… □
⑩目に見えないものに価値を見出すほう …… □

A合計＿＿＿点

B

⑪用心深いほうで、いろんなことが気になったり心配になる …… □
⑫気分屋で、あまのじゃくな面がある …… □
⑬自分の感情や気持ちを素直に表現するのが苦手だ …… □
⑭自分はたいした人間ではないと思っている …… □
⑮予期せぬことに遭遇すると、非常に戸惑う …… □
⑯自分や他人のことをよく批判する …… □
⑰支払った金額に見合うものが、十分に返ってこないと不満だ …… □
⑱疑いだすと、際限がなくなる …… □
⑲面倒くさいことや、深刻なことは避ける傾向がある …… □
⑳他人に言われてから動くことが多い …… □
㉑ダメだといわれると、やってみたくなる …… □
㉒自分のことが「うざい」と思われていないかどうか、常に気になる …… □
㉓恋人と別れる時、自分は傷つかないように別れたい …… □
㉔あえてわがままをいい、相手を困らせたり怒らせたりしがち …… □
㉕自分が愛されているかどうか、相手を試すことがある …… □

㉖ドタキャンにあうと、とても腹が立つ …… □
㉗占いに書いてあることは、気になるほう …… □
㉘「あのとき、こうしていれば…」と思い返すことがある …… □
㉙自分はよく損をすると、思う …… □
㉚いったことを後で後悔することが多い …… □

B合計＿＿＿点

C

㉛その場の状況に応じて対応するのが得意 …… □
㉜ワンランク上の目標を設定して、向上できるよう努力するのが好き …… □
㉝自分なりの美学、感性に自信を持っている …… □
㉞なんでも明るい、楽しい面を見出そうとする傾向がある …… □
㉟論理的に考えを組み立てたり、本質を追求するのが好きだ …… □
㊱自分の感性をいろいろな方法で表現するのが得意だと思う …… □
㊲その場の雰囲気には目ざとく反応し、勝ち馬に乗るのが得意 …… □
㊳礼儀正しく、品性を持って行動したい …… □
㊴正義感、責任感が人よりも強いほう …… □
㊵同時に二つのことができる …… □
㊶失敗した人を必要以上に責めたりしない …… □
㊷自分をふった異性を許すことができる …… □

C合計＿＿＿点

ステップ2

チェックの結果と診断

◆A、B、C、各ゾーンのチェックを入れた回数を計算します。
それぞれのチェックの数を合計したら、
(A＿＿＿点)＋(C＿＿＿点)－(B＿＿＿点)＝として、
合計数を出してください。

20点以上	【高層階の住人】
15～19点	【中層階の住人】
9～14点	【低層階の住人】
1～8点	【地上階の住人】
0点以下	【地下階の住人】

あなたの合計数は＿＿＿＿点

■高層階

社会的マインドビューを持つ「高層階」の住人

あなたは、社会的視点を常に持ち、社会を動かそうとしている人です。

「高層階」の住人は、「目に見えないもの」「耳に聞こえないこと」といった高次元の情報価値を、敏感に感じることができる人です。そして、それらを未来の判断材料にすることができます。

自分が知らない世界に常に興味を持ち、意識を向けている人です。見えないもの、聞こえないことを、自ら積極的に確かめ、感じられます。

この階層の住人は、組織においては未来のビジョンを掲げ、自分だけでなく周囲も多角的にとらえることができます。

そのためチーム全体のパフォーマンスを上げるべく、最適な行動をとることができます。つまり、組織やチームを活性化させる、真のリーダーシップマインドの持ち主といえます。

ただ役職がリーダーだからといって、リーダーシップを発揮できているとは限りません。リーダーになるために頑張るのではなく、リーダーシップを発揮できるマインドの持ち主だからリーダーとしての役割を果たせるのです。

真のリーダーシップマインドを育み続けることで、組織、社会において、本当の意味でのリーダーシップを発揮することができるでしょう。

メンタルタイプが「王様」タイプであった人がリーダー気質だというイメージを、世間一般においては持たれがちです。「受け身」タイプでも、「ストレスフリー」や「ストイック」タイプでも、リーダーになり得ます。もちろん「境界」タイプの人も同様です。リーダーの資質において重要なのは、視点が高いか低いか、です。

高層階の住人とはいえ、頭上に拡がる空間は無限です。常に、見えない、聞こえない情報をキャッチすべく感性を磨くよう努力しましょう。まだ誰も気づいていない新しい価値や、潜在的なリスクを常に見出すことのできるマインドを創り上げてください。

■中層階

組織的マインドビューを持つ「中層階」の住人

あなたは、向上心を持ち、日々、自他ともに自己実現に励む人です。

あなたは、「目に見えない」「耳に聞こえない」高次元の情報価値を、漠然と感じながら生活しています。興味の範囲は広く、意欲は強いのが特徴で、自らも積極的に動きます。

その反面、見えているもの、聞こえてくる情報、つまり、いまやらなければならないことに反応するあまり、自分以外の何かに振り回されることが多々あります。

仕事では、上司の意図や、部下の感情をくみ取りすぎて、板挟みになりがちな、いわゆる器用貧乏な性分があります。

■低層階

他者を見るマインドビューを持つ「低層階」の住人

あなたは、周囲に気を配り、現実に縛られがちな傾向のある人です。

「目に見えないもの」「耳に聞こえないこと」の価値や違いをあまり感じることができず、現実に「見えているもの」「聞こえていること」から、大半の情報を得ている階層です。

地上階に比べれば、まだやや視点が高いため、周囲を見渡し、把握することはできます。しかし地面に近い階層のため、下へ降りることへの抵抗感も少なく、しばしば「マインド・ビューポイント」が引き下がりがち。自分が思い描く理想と現実のギャップに、悩まされます。

会社やチームにとっては、都合よく働いてくれる、バイタリティー溢れる便利な存在とな

【生き様診断9タイプ】

①王様
②ストイック
③ストレスフリー
④受け身
⑤ニュートラル
⑥王様になりきらないストイック
⑦王様になりきらないストレスフリー
⑧ストイックになりきらない受け身
⑨ストレスフリーになりきらない受け身

図4　心の視点を引き上げて自己超越のマインドを創る

りますが、新しい価値を生み出す存在にはなりきれません。

■地上階

個人的マインドビューを持つ「地上階」の住人

あなたは、自己の感情に飲まれがちで自己中心的な傾向の強い人です

現実に「見えているもの」「聞こえていること」の、低次元の情報がすべてで、これらに囚われてしまう階層の人です。

視点が低いところに位置し、先行きを見渡すことが苦手です。自分の「視点と視座」（視座＝マインドポジション）を変えられないため、どうしても視野が狭くなります。そのため、ものの見え方を変えることができず、物事の判断も短絡的になりがちです。ときとして自らの感情に流され、取り返しのつかないトラブルを引き起こすことも少なくありません。

仕事では、思考や行動のバリエーションが乏しいため、様々な状況変化への対応が苦手です。結果として指示待ちスタイルに陥ってしまいます。とはいえ、常にネガティブではなく、素直・従順でさえあれば、会社からは扱いやすい人間だと受けとられます。

■地下階

マインドビューを持たない「地下階」の住人

あなたは、一人よがりで現実を否定的にとらえがちな人です。自分自身を含めて、今起きている現実さえも見えず、耳にも聞こえていないという、あたかも地下にいるような、心の階層の人です。

自らを閉鎖的な空間に置き、周囲からの情報は遮断されているため、何かに影響も受けることがなく、また与え合うことに価値観を見出せません。

仕事では、過去の失敗やトラウマに囚われ、ネガティブな感情が常に前面に出てしまい、物事を斜めから見てしまう傾向が現れます。当然の結果として、自己肯定感は引き下がる一方。「できっこない」「無理に決まっている」と、始める前から、自らに制限をかけてしまい、マイナスのスパイラルに陥りがち。何より危険なのは、そうしたことに無自覚であるため、気づいていないことです。そのため、悪意がなくとも、気づくと周囲に負の感情をまき散らすということになりかねません。

以上のテスト結果の解説でおわかりのように、心の視点「マインド・ビューポイント」の高さは、実は自分自身が無自覚に選び、決めていることなのです。逆に言うと、自分自身のマインドの在り方が変われば、心の視点の高さは確実に引き上がっていきます。

「自分しか見えていない人」や「他人しか見えていない人」

「自分しか見えていない人」は、心の視点が引き下がった状態にあるので、**心のスポットライトが低く、自分の頭上しか照らされていません。**そのため限定的な自分だけしか見えていません。

また、「他人しか見えていない人」は、心のスポットライトを他人だけに当ててしまうことで、**自分の人生でありながら、自らの世界から自分が消える**ということが起きています。

それはつまり、いま、見えている範囲の限定的な世界だけで生きていることを指します。その世界では、スポットライトは決して自分には当てられていません。この弊害は、「何も感じられていない」状態を無自覚にも創り出してしまっていることです。

いま、あなたの目の前で起きていること。それは何でしょう。

「何が起きているか」だけではなく、「自分はそこで何を感じているか」、その視点に立てば、自然と周囲のことは見えてきます。

そのために、心の視点を引き上げ、マインドのスポットライトを照らすのです。

自分の人生の善し悪しを、自分で決められるマインドを創り上げること。

そのマインドさえあれば、自分の「いま」、そして未来さえも自ずと感じられるようになります。自分のマインドが「ここ」にあり、「そこ」を通して世界を見るという強い信念で、自らの感性に磨きをかけていく。そうすれば心の視点はより一層高まっていきます。

この問いで、あなたの無意識の在り方が見えてくる

自分の想いを他人に伝えたいと思うとき、あなたは特に注意していること、心を砕いていることはありますか。

人によって、それは様々です。すぐその場で自分の想いを伝えられる人もいれば、「その場では言えないけれど、別の伝え方をしたい」と思う人もいるでしょう。「自分では言えないので、誰かに言ってもらいたい」と思っている人もいるはずです。

私が行なう企業研修や塾のワークショップでは、「こんな場面をイメージしてみてください」と日常次元のテーマで課題を伝え、グループセッションを行なうことがあります。あなたも、ぜひ次の課題をイメージしてみてください。

《課題》

「あなたは友人とレストランに入りました。

メニューの中からビーフカレーを注文しました。

ところが、オーダーとは違ってハヤシライスが運ばれてきました。

その瞬間、あなたはどうしますか？

そして、なぜそうしますか？」

この課題について、生き様タイプ別にご紹介しますので、あなたの答えと照らし合わせてみてください。

A 「王様タイプ」

オーダーしたのはビーフカレーなので、「これは間違っています。急いでいるのですぐに作り直していただけますか」と直に申し立てる。相手に対し「これじゃ困ります」とやや感情的に主張する。

そもそもカレーライスが出てこなかったことよりも、自分のオーダーを間違えられた、手を抜かれたことに気分を害しているので、相手のミスに抗議することで、内心はすっきりしていて根に持つことはない。きちんと謝罪されれば許してあげてもいいというのが、王様タイプ。下に見られている感に対し腹を立てて、ときに闘争心が沸き起こって、威圧感を与える言動により、無自覚な加害者になってしまうこともあります。

B 「ストイックタイプ」

「これは私がオーダーしたものでしょうか。私はビーフカレーをオーダーしたはずなので、すぐに確認していただけますか」と、まずは間違っていないかどうかの確認を求める。そこには一切の感情は入れません。あくまでどちらが正しいのかを店員に確認させ、何が間違っていたのかを追及し、問題解決にあたろうとするタイプです。

自分の頼んだものにこだわりがあるというよりは、頼んだ行為や行程に落ち度はないか。どちらに責任があるのかないのかと捉えるストイックタイプの人。その時点で、カレーを食べに来たということよりも、「どちらがどのように間違ったか」を明らかにすることが重要な課題になってしまうタイプです。

C 「受け身タイプ」

「すみません、ちょっとお聞きしてもよろしいでしょうか……」と、相手の顔色をうかがいながら、「これはカレーでなくて……ハヤシライス……では？」とはっきりとは言えず、間違いを相手に気づいてもらいたく、尋ねてみます。もしかしたら自分が言い間違ったのかもしれないと思い、それともこのお店のカレーはハヤシライスのようなカレーライスかもしれない、と考えてしまうタイプです。

店員の対応によっては「これで大丈夫です……」と我慢し、ハヤシライスを食べてしまう受け身タイプの人。相手の様子をうかがい過ぎて、きちんと主張しない。そのため気がつくと、無自覚な被害者になってしまいがちなタイプの人です。

D 「ストレスフリータイプ」

「頼んだのはビーフカレーだったけれども、これもおいしそうだし面倒くさいから、まあいいか」と居心地のいい気分を大切にするタイプです。

どちらが間違えたのかと店員ともめるくらいなら、カレーでなくてもどっちでもいい。面倒なことには巻き込まれたくないと思うのです。たとえ相手が間違っていたとしても、それはそれでよしとしてストレスになるもの自体を受け流してしまうのが、この「ストレスフリータイプ」の人の特徴です。

その場の雰囲気を壊したり、壊されることを何より嫌うため、都合が悪いことには関与せずにノータッチです。常に嫌な空気を排除するためのセンサーを働かせてストレスを回避するのです。

全国の講演会や研修でも、これらのテストを実施し、タイプ別に分かれてワークショップを行ないます。

自分ならどんな言動に出るか、グループワークで話し合ってもらうと、男女、年代、役職を問わず、それぞれのタイプの特徴が明確に現れるため、大変盛り上がります。

どのタイプであっても、皆は無意識にやっている言動なので、自分とは違う別のタイプの人の発表を聞いて「うそでしょ？」と驚くのです。

自分では当たり前の言動が、他のタイプから見ると「信じられない」というリアクションを受けます。こうすることで、お互いが関心を持ち、別のタイプもあるのだと腑《ふ》に落ちます。

グループでのワークショップでは、試しに、参加者には自分と違うタイプの言動をあえて行なってもらい、どう思うか、尋ねたりもします。すると誰もが皆、何とも言えない居心地の悪さを体感します。

そこで、いかに自分の行動が無意識の自分であること、それが本当の自分らしさの証明でもあることに改めて気づかされるのです。自分のとった行動のタイプは、自ら「好んでやったこと」。そこに気づくことで新たな自覚が芽生え、「こんな自分で生きていこう」と許容し、受容でき、内なる覚悟が生まれてきます。

本当は、みんな違っていいのです。

それよりも大切なことは、心の視点の高さが創り出す立体的な心のキャパシティー〝器〟なのです。その器の体積、つまり大きさを決めるのが、あなたのマインドの在り方です。

自分に起きた出来事をどう受け止め、どのような対応ができるのか。それこそが、あなたの未来に関わる最も重要なことなのです。

メンタルは強いか、弱いかでとらえなくていい

「自分はメンタルが弱いので、もっと強くしたい」

と悩んでいる人が多くいます。

世間では、メンタルを強いか弱いか、という捉え方で考える傾向があるようです。

私自身は、「メンタルトレーニングで強靭《きょうじん》なメンタルを目指しましょう」とは決して言いません。すべては**心の視点の問題**。それらは心の視点が変われば、解決する問題だからです。

心の視点が引き下がると、人は自意識過剰な状態に陥りがちです。自分の思うように物事がいかなくなれば殻《から》に閉じこもり、被害者意識を募《つの》らせる。ときには突然キレて加害者となり、事態を悪化させさえします。

上手くいかないことなど、人生には山ほどあります。それこそ数え切れないほど。でもちょっと角度を変えて見れば、どうでしょう……。

例えば、前述の問いかけのレストランのケースでいえば、

「本当はカレーライスを注文したのに、ハヤシライスがきた。でも、ここのハヤシライスは

とてもおいしいですね。なんだか得しちゃった気分です」

と店に伝えることによって、状況を一変させることはできます。

オーダーミスという失敗によって、上手くいかなかったからこそ、思いもよらないおいしい料理が食べられたと思う。そうするとお店の人と初対面であっても仲良くなれるかもしれません。相手が「大変失礼いたしました」となっても、そのときの対応でこちらの名前や顔を覚え、次に訪れたときには、すでに自分は相手にとって「特別な人」になっているかもしれません。

「注文と違う」と言ってクレームをつけたり、相手を責めたりしたところで、状況は悪くなる一方です。逆に何も言わずに「こんな店、二度と来るものか」と被害者気分を持ち帰れば、「運が悪かった」と考えたとしてもストレスを溜めます。相手の失態をきっかけに、自分が失態を犯しかねません。

事態をどうとらえるか。［マインド・ビューポイント］が引き上がっていれば、こうして瞬時に「視点と視座」は切り替えられます。自分で〝心の在り方〟を決めることで、いかようにも状況をリセットできるのです。

心の階層を引き上げ、「視点と視座」を自在に変える〝心の業〟

視点を、その都度どう変えていけばいいのか。

自分の視点が常に低い状態、意識が上がっていない状態だと、

「カレーライスを食べたくて注文したのに、ハヤシライスがきてしまった」

「なんで間違うんだ、時間がないのに」

「客の注文をきちんと聞いていないな」

「こんな店、入らなければよかった」

という思いで終わってしまう。あなたのせいではなくお店側に非があっても、起こってしまったことに対し腹を立てたり後悔することは、何1ついいことはないのです。

ネガティブな想いを後々まで引きずる自分を許せば、やがて後悔すること自体が癖《くせ》になります。ですのでそこで視座をどうやって上手く切り替えたらいいか、いかにリカバリーするかに、あなたのマインド力が試されるのです。

繰り返しますが、上手く切り替えられるか否かは、性格の問題ではありません。**心の視点の問題**です。

心の視点が引き下がってしまうと、時に必要以上に攻撃的になったりします。すると相手は「自分は被害者」と感じるようになり、気づくとこちらが加害者扱いされてしまいます。

こちらが本来は被害者であるにもかかわらず、加害者になってしまうこうした状況は、事実、現代の人間関係の中では頻繁に起こる社会問題にも通じているのです。

認められたいと思えば思うほど、存在は希薄になる

「他人から認められたい」

という想いが必要以上に強い人は、仮に認められ出世して、人の上に立つ立場になると、とたんに悩み始めたりします。それは、人の上に立つ立場では、自分がどう会社に貢献していくか、会社や部下をどう育てていくのかを執ように求められるためです。

「認められたい」という想いだけで生きてきた場合、突然、役職が上がって役員になり、経営側に立った途端に脆《もろ》さを露呈します。認められることだけに必死になってきたため、「自分は何をしたいのか」「自分には何ができるのか」が、自分自身よくわかっていないためです。

これは、「自分」という存在が希薄になっている証拠。自分を取り巻くわずかなものの中

だけ、評価だけで勝負してしまってきたことによる弊害であり、「心の病」を生み出す大きな原因の一つにもなります。

まず何よりも先に、「自分は何をしたいのか」「自分には何ができるのか」が最優先事項。仮にいまのあなたには何もなくても、まずは「自分が在る」ということを優先させる、しなやかなマインドが必要なのです。

「世界」を知るより、「自分」を知っているほうがはるかに強い

グローバル社会では、どこにいても世界とつながることができる、最良の条件が満たされていることは、衆知の事実です。

国や企業も、より国際的になって、拡い世界で活躍できる人材を育てたいと考えるようになり、個人レベルでも、「世界で活躍したい」と思う人が増え続けています。

物理的には、飛行機で飛び立てば世界の裏側にだって行ける環境にあり、自分が世界とつながろうとすれば、容易につながる環境が整いつつあります。

けれど無自覚な自分の存在を知らない人は、どんな体験をしても、経験を積んでも、どこ

か実体のない表層的なものになりがち。**自分自身とつながっていない人間は脆い**のです。

「自分探し」で世界を旅する、そんな暇があるなら、一刻も早く「自分自身」にまずフォーカスを向けることです。自分のマインドを見ずして、世界をいくら旅して素晴らしい出逢いを求めたとしても、それらは所詮、自分の外側の世界のこと。どれほどの体験も、自分自身の内なる「自分」とつながらなければ、意味がないのです。

「世界」を知っている人間よりも、「自分自身」を知っている人間のほうが、はるかに強いのです。

「自分を知る」ということは、最終的には、自分の内側にいる「もう一人の無自覚な自分」を知ることでもあります。

「無自覚な自分」を探求していく人生の旅は、一生をかけてする旅――。一生涯かけても足りないほど、奥が深いものであるに違いありません。

自分自身を曖昧に扱うと、結果は生み出せない

「トレーニングすれば、本当に人生は変わるのでしょうか」

『マインドの法則』の読者の方から、このような質問をされたことがあります。

これはたとえるなら「ハワイに行きたい」、あるいは「ヨーロッパに行きたい」と思うとき、いまの時代においては、飛行機に乗れば行けることは確かです。そのとき、

「自分の乗った飛行機はちゃんとハワイに到着するでしょうか。途中で落ちる確率はどのくらいでしょうか」

と問うことと同じことです。飛行機がどういうメカニズムで飛ぶのか、

「落ちると怖いから、それを知りたい。それを理解してからでないと飛行機に乗れない」

ということでは、その人は永遠にどこへも到達することはできません。

「飛行機が落ちることが前提か、飛ぶことが前提か」

飛行機という手段を活用する人は当然、目的地に行きたいから、飛行機に乗るのです。飛行機が安全だから乗るのではないはず。トレーニングにおいても同じことがいえます。

「変わる」ことが前提か、「変わらない」ことが前提か。

あなたは本当に自分の未来を変えたいのか。

あるいは、本当は変えたくないのか。

いまを変えるつもりがあるのか、ないのか。

無意識のあなた自身がどちらかによって、大きな差が生まれます。

劇的な変化を生み出すため何より大切なのは、**あなた自身がまずそこを曖昧《あいまい》にせず、自らと折り合いをつけることです。**

一度でも視点が上がると、以前のように不安にはならない

一時的に心の階層が引き上がっても、時間が経つと、またもとに戻ってしまう。そんなときに「これまでの自分」の領域を創り出していた心の壁、メンタルブロックの外側に出ることで、「そっちじゃない！」と警報が鳴るような感覚があります。慣れ親しんだブロックの壁からはみ出ると、「そっちは違う」とそれまでの自分がサインを送ってくるのです。

心の視点は引き上がっても、また下がろうとする。ここに【マインドの法則】が関与しています。

日々、人の心は揺れ動きコロコロと変わります。当然、バイオリズムによるアップダウンも常にあります。しかし、トレーニングを始め、**一度でも意識レベルが上がった状態を体験すると、人はその体感を忘れずに、その状態を再現することを欲するようになります。**

「トレーニング後、心の視点が引き上がりましたが、また下がるときもあります。日々アップダウンはありますが、以前のように不安になったり落ち込まなくなりました」と、トレーニングを受けた方たちはよく口にします。

一度でも上がった心の視点は、その心情の風景を覚えています。そのときの快感を忘れることはないのです。それが潜在意識につながる「感じる回路」です。

心の階層がたとえそれから下がっても、いつもどこかで余裕を感じられます。引き上がった心の階層を体験したときの感覚を求めて、潜在意識が働き出し、無意識に再び引き上げようとするからです。

「心のカーナビ」に人生の目的地を入力しよう

「自分を知る」ためのワークに、「心のカーナビワーク」（93ページ）というものもあります。

まず、いま現在の自分のいる地点を知ること。

その上で自分のこれからの目的地を目指すため、トレーニングをする。

車のカーナビは、自分がいまどこにいるか、自分自身の現在地点を基準に、目的地までのルートを案内してくれます。目的地点を入力するとルート検索が始まります。「いま、現在地点から○○キロです」とか、「これから○分かかります」と、カーナビは常にいまいる場所を基準にして作動します。

自分の「在《あ》りか」を基準にする。このカーナビゲーションシステムは、いわば脳のシステム、潜在意識の働きと同じです。

心のナビゲーションシステムも、同じように、自分自身の「いま」を基準にルート検索を始めます。「在りたい自分」を目指して、いまの自分の「在りか」から出発進行するのです。「私はこういう人間なんだ」という自分の現在位置から、どんな目標設定を定めるか、どこに行きたいのか、具体的に目的地を明確に入力することではじめて、あなたの潜在意識は自ずと動き始めるのです。

やりたいことは諦めなくていい。すべて潜在意識がやってのける

例えば、こんなことをイメージしてみてください。

飛行機が離陸する瞬間大きなエンジン音とともに速度を上げて、機体は一気に空へと舞い

上がります。ぐんぐん高度を上げて高く高く上昇します。その間、かなりの揺れが生じることで不安定な状態が続きます。けれどそれは離陸時の当たり前に起きる現象でもあります。

メンタルトレーニングを始めて、人生が大きく変化するときというのも、この飛行機が大空に飛び立つ瞬間のイメージにとても近いです。

ガタッガタッと大きな騒音とともに機体が傾けば「大丈夫だろうか。落ちたりしないだろうな」と、きっと誰しも不安を覚えるでしょう。頭でわかっていても、何度経験しても人間の感情というのは、同じタイミングで同じような反応が起こります。

飛び立つ瞬間の状況変化に不安になるのは、その揺れに慣れていないせいです。

不安定さを「大変なことになってしまう」危険なことと関連づけてしまっています。

「大変」という言葉は、「大きく変わる」と書きます。多くの人はこの「大きな変化」を嫌い、避けたがるのです。その変化のタイミングに、ネガティブな感情に引きずられず、高く高く飛び続けるという選択をできるかどうか、そこに大差が生じてきます。

普段から、「どうなるかわからないこと」に恐れることなく、チャレンジできている人は、「大変な状況」に対しても好意的に受け止められます。不安に引っ張られず、状況に応じて切り替えることで、その変化をむしろ喜んで受け入れることができます。けれど多くの人は

「大変」を避けることでそうした力を退化させてしまっているのです。自分を信じられない、未来の在りたい姿をイメージできないと、そうなります。

人間の能力は、もともと「無理の限界」を突っ走るときに引き出されます。それが潜在能力です。

突然の揺れにも動じない、安定飛行へ軌道を乗せられるかどうか、それは人生の揺れと同じです。乱気流の中で、揺るがないマインドを持ち続けること、パニックに陥らないことが大切なのです。私の提唱する【マインドの法則】は、そのためのものでもあるのです。

どれほど外部環境に揺さぶられても、高度を引き上げ、その先に拡がる雲の上の世界を目指していく。

「まだまだ高く飛べる」——そんな、いまの自分を超えていく喜びを感じられるようになると、潜在意識ははっきりと動き出します。人生全般に通じることです。

そしてそれは、成長するタイミングで誰もが経験することなのです。現状を突破する瞬間、大きく揺れ動きます。それこそが、まさに変化するということなのです。

「もう無理！」と感じた瞬間が、劇的な変化の瞬間。自らの限界と感じる瞬間こそが、あなたを大きく飛躍させてくれるタイミングそのものなのです。

心の揺れを楽しむこと。

それ自体を恐れないことが大切です。

「地上から高く舞い上がることで、夢の地へ向かっているのだ」

と希望と期待にワクワクする。それが人生という最高の旅であるはずです。


あなたの人生を最高のものにすることができるもの。

それはあなたのマインド。

自らのマインドを鍛え磨き上げていく。

〝心の達人〟マインドマスターを目指すこと。

それは、あなたが生涯をかける価値あることのはずです。

改めて、いま、あなたにとって価値ある人生とは何か、自問してみてください。

価値ある自分になるために何をしたらいいか。

心の価値を高め、自分という存在を確かなものにしてくれる。

それは、**無限の可能性を秘めたあなたの潜在能力以外、ありません。**

心の階層は第1段階から第5段階まであることは、述べました。

第5段階のマインドマスターへの道は、いわば、その先の人生の未来旅行です。それはどんな世界旅行よりも感動的なものです。

その道は何も難しい修行など必要ありません。「こう在りたい」と願うあなたのビジョン。そのビジョンを鮮明に思い描けば、勝手にあとは潜在意識がやってのけてくれるのです。

前述したように、あなたの心のナビゲーションシステムが、しっかりと作動してくれます。

あなたには、そんなとてつもない潜在能力という武器が備わっているのです。

マインドの達人を目指すことで、まずいまは、何をするのか。

何を選択するのか。

自ずと決まってくるはずです。

最後に、あなたのいま現在の心は、どこにあるか。心の現在位置を確認するためにも、「心のカーナビワーク」の一例を紹介しました。ぜひ自分自身と向き合ってみてください。あなたの目指す未来の目的地を鮮明にしていきましょう。

心のカーナビワーク

自分の現状を知るための体感トレーニング

1　あなたはいまの自分にどの程度、満足していますか。

（　　　　　　％）満足

◆それはどんなところでしょうか。

◆満足度を上げるために何をしましょうか。

2　いま、あなたが「足りていない」と感じていることは何ですか。

3　あなたも潜在能力を使えるとしたら、どんなことを実現させたいですか。思いつくだけ書き出してください。

第2章

マインドセットアップ

何ものにも囚われない自由なマインド

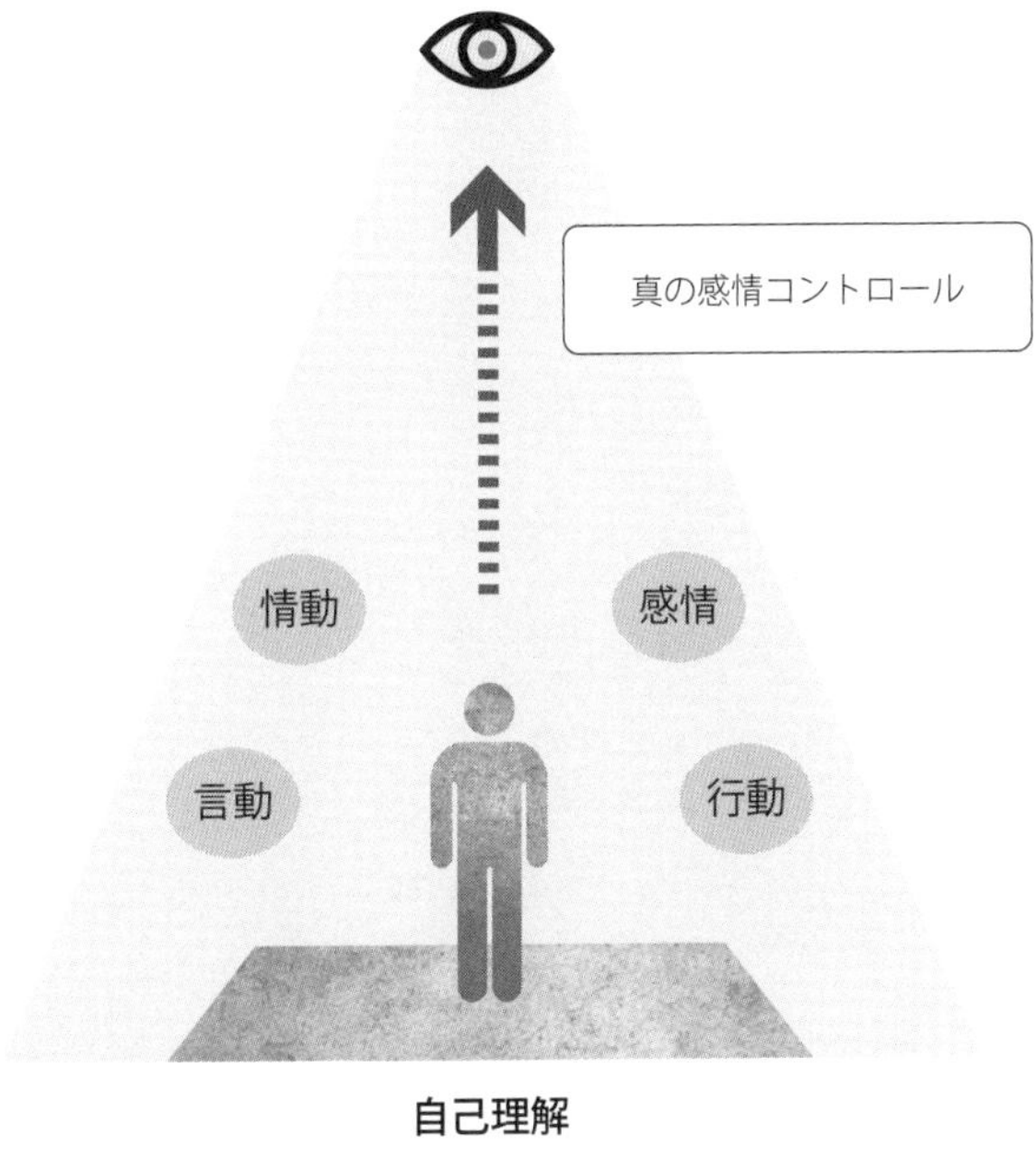

心の階層を高めるトレーニングで潜在能力を引き出す

マインド（心）には階層があるとお伝えしました。

一人ひとり、現状の心の階層は違いますし、1日のうちでも、その時々で階層は変わってきます。

久瑠式トレーニングでは、自分の心の視点の高さが、いまどの階層に位置しているかを感じることが、とても大切になります。

トレーニングを重ねると、自分の心の視点が一気に引き上がっていく体感を感じるときが訪れます。心の視点が**上がったときにはじめて、それまでの自分の視点がいかに低かったかに気づきます**。心の視点が低いときは、その低さを感じることはできないのです。

視点が引き上がってはじめて、低かったときには気づかなかった景色が、見えてくる。目に留めもしなかった周囲の人々の表情、言葉が心に飛び込んでくる。それが、**その人の心の視点が上がった**という証《あかし》です。

マインド塾で行なうトレーニングでは、心の階層を段階的に引き上げていくと同時に、「潜在意識の扱い方」をマスターします。そうすることで【マインドの法則】が体得できます。

マインド塾では、私がその場の空気を感じ取って、様々なワークを行ないます。参加しているメンバーが変われば、メンバー間の温度や空気も変わる。そのため、事前に用意したワークであったとしても、急遽、別のワークに切り替えることがほとんどです。常に目の前にいる人にとっては、それがベストなアプローチだからです。

そのため毎回、ワークは参加者のマインドに合わせ即興で行ないます。マインド塾の講座は、参加する人のためにあるので、常に、集まった人たちのマインドの状態に合わせ、最終的に一人ひとりの次元をどう引き上げていくか、どう階層を高めていくか、イメージしてアプローチします。

登山のイメージでいうならば、毎回、登る山は決まっていても、どのコースを選んで登るかは、状況に応じて変わるのと同じです。

「参加者一人残らず、頂上に連れて行きたい」

私はそうした想いでトレーニングに臨んでいるので、臨機応変に、変幻自在にベストのコースをチョイスしていきます。

「上機嫌な自分」にマインドセットアップするワーク

この第2章では、第1章の「自分を知る」を経て、次の段階となる「マインドセットアップ」についてお伝えします。

「マインドセットアップ」とは、その次の「リーダーシップマインド」や「プロフェッショナルマインド」、「マインドマスター」といった計5段階のステップをたどる、いわば山道の始まりのようなものです。第2段階、第3、第4、第5段階と、ステップアップしながら登っていけるよう導いていきます。

このトレーニングで私が終始一貫して行なうことは、参加者一人ひとり潜在意識に働きかけることです。無意識でなければ真の変化は起こせません。

5つの心の階層、透明な螺旋段階を経ながら、徐々に心の視点を引き上げていく。人によって、**目指すコースは違っても、頂上へと導くマインドプロセスは同じ**です。

マインド塾は、頂上を目指すための、一種のオリエンテーションでもあります。重要なことは、「**何をすれば、心の視点が上がるか**」ではなく、「**心の視点を上げるためには、何をす**

るか」です。

第1段階のまず最初は、**【マインドチェック】**です。自ら心の鏡に自分を映して「自意識」を明確にしていきます。人は自意識があるから「自分という存在」が確かなものになります。「目に見えていない内側の自分」を知ること。これが第1段階でしたが、第2段階の「マインドセットアップ」では、「自分を内側で感じていく」＝「自分の『心の鏡』で感じる」トレーニングを行ないます。

このトレーニングを行なうと、〝もう一人の自分〟という心の視点「マインド・ビューポイント」が生まれます。

「自分」を達観視（＝距離をおいて俯瞰）することで、自意識過剰の状態から解放され、心の視点が引き上がります。すると、**「上機嫌な自分」に心がマインドセットアップされるのです。**

マインドセットアップは、スポーツでいえばハイパフォーマンスを生み出すためのウォーミングアップ。目に見えない価値をキャッチできる、潜在意識にアクセスできるマインドの状態へと心を整えていきます。この**【マインドの法則】**の第2段階は、どの分野にも共通した、**最高のパフォーマンスを引き出すための欠かすことのできない基本原則**でもあるのです。

「マインドセットアップ」で自分を縛っていたフレームを外す

自分を内側で感じていく＝「自分の『心の鏡』に映す」トレーニングとは、何か。

例えば、自分を他人の「心の鏡」に映したとき、「自分」という存在をはじめて別の視点から感じ取ることができます。すると目には見えていなかった無自覚なフレームが外れ、自意識過剰な状態から抜け出し、新たな心の視座ができます。

参加者の多くは「自意識を分散する」この感覚に慣れていないため、不思議な感覚を味わいながらも、心地よく気分が楽になって引き上がっていきます。自意識がいかに自分を縛っていたかがわかり始めます。こうなると、第2段階から次の第3段階の**「リーダーシップマインド」**に視点が引き上がります。

第3段階では、他者の心の鏡に自分を映したり、他者を自分の心の鏡に映し出したり、自在に自意識を扱えることができるようになります。それによって自分だけではなく、他者の目に見えない想いや信頼を感じられるようになります。

他者の心の鏡に、あなたが映されると、そこではじめて潜在意識の「もう一人のあなた」をはっきりと自覚することができます。目に見えない情報を自らキャッチできる、感度のいいマインドの出来上がりです。これが次の階層となるリーダーシップマインドです。

未来を自在に動かすマインドの達人になれる

「もう一人の自分」の心の視点を獲得できると、自分は相手とどう関わりたいか、主体的な言動をとれるようになります。

それが「**自分軸**」です。自分発信で他者や世界と関わりを持とうとする、躊躇《ちゅうちょ》なく実行に移そうとする、主体性の軸を獲得するのです。感動を求めて、どんどんチャレンジして「いまないものを在るにする」ために価値を生み出そうとする。

自らの限界に挑み始めるのです。これが次の、第4段階の「**プロフェッショナルマインド**」です。

その次の第5段階まで到達すると、現実ではなく、常に未来のイメージが先行するようになります。**考えるより早く意識は前のめりになり、未来を自在に動かせるようになるのです。**

そして、目の前の人の潜在意識にも、アプローチできるようになります。すると、人を真に動かすこともできるようになります。これがマインドの達人「**マインドマスター**」。まさに神業のような潜在能力です。これをトレーニングによって、あなたは人生に活用できるようになれます。

メンタルトレーニングで、「潜在意識の自分」が動き出す

マインドの在り方を一瞬で塗り替える。それは誰の人生にでも起こすことは可能です。

水泳をイメージしてみてください。上手く泳げるようになるために、あなたは何をするでしょうか。「実践的に学びたい」と多くの人は言います。その実践のために、まず何を始めますか。その選択では、2つの意識が主導権を争います。それは、

1、泳ぎを方法で教わる＝論理　（マニュアル化された専門知識を学ぶ）
2、泳ぎを体感で教わる＝感性　（言語化できない感覚的な動きを学ぶ）

の2つです。どちらを選択するかはあなたの目的次第です。

私の行なう実践トレーニングは、2の「体感で教えるトレーニング」です。

泳ぎ方を知識として学び、実践スキルを知りたいのなら、1の「方法論を教わるトレーニ

マインドマスターへの道

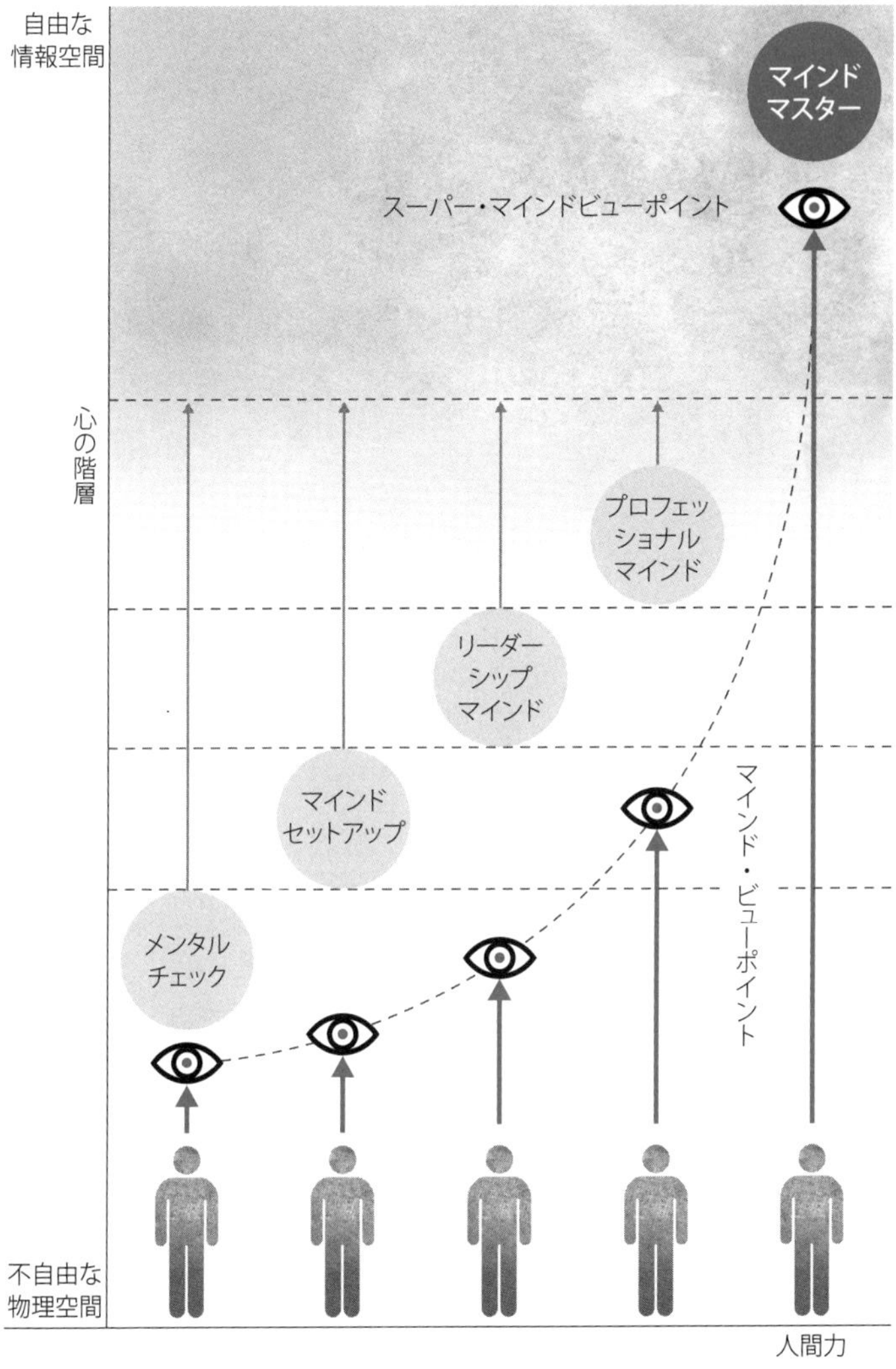

図5　マインドを鍛え磨き上げ（心の筋トレ）、マインドの達人を目指す

ング」。自由自在に泳ぎ回れる、泳ぐことをもっと楽しみたいという目的ならば、2の自分自身の体感をつかむためのトレーニングを始めることです。

そしてはじめて参加した日から、自由に泳ぎ回れる楽しみを体験すること。その心地よい体感があなたの潜在意識に働きかけ、どんどんいい影響を与えてくれるはずです。


泳げない人が、水泳教室で最初に教わるバタ足のトレーニングは、浮き輪をつけて行ないます。泳げないのですから、浮き輪がないと体が沈み、バタ足の稽古どころではありません。それはマインドのトレーニングにおいても同じこと。心の視点を引き上げたくても、日常でストレスを抱え込んでいる人にとっては、心の視点どころではないのです。

そのためどんなマインドの状態からでも、トレーニングを始めた瞬間から視点が引き上がるよう、浮き輪をつけて体が浮上する体感を習得できるよう、環境を整えます。

「心の視点を引き上げることに専念できる空間を創り出したい」

それが「心を創るマインド塾」を始めたきっかけでした。自由に泳げない人生を、浮輪を持ってスイスイ泳げるようになれるための、場所を創りたかったのです。

何ものにも囚われないマインドの状態にセットアップ

トップアスリートは、最高のパフォーマンスを発揮するため、試合前や、日々の練習の中では自分のマインドをセットアップする術《すべ》をしっかりと習得しています。

結果を出すために、それは必要不可欠なことです。

その術がなければ、本番でベストパフォーマンスが発揮できません。過去の記録を塗り替えるパフォーマンスを常に探求し、過酷な練習を続ける中で、マインドセットアップされていなければ、怪我をするなど、大事態を招くことにもなりかねません。また「見えない情報」をキャッチできなければ、味方の動きが予測できず、チームプレイも成り立たないでしょう。

人は、「気になっていること」「気がかりなこと」があると、つまり何かに囚われていると、心の視点は引き下がります。心の視点がただ物理空間にあるだけでは、目に見える失敗やアクシデントなどで状況が変動しやすく、不安定なマインドの状態になります。すると気持ちが沈んだり、ときにはアップしたりして、感情の波に呑まれてしまいます。

こういう場合には、いったんすべてをリセットする、「マインドリセット」が役立ちます。

フワッと引き上がった、非日常の状態に心をセットアップし直すのです。

一度すべてをリセットできれば、マインドはニュートラルな状態を維持し、最高のパフォーマンスを発揮できるようになります。

「マインドリセット」できれば負の連鎖は断ち切れる

高校野球をテレビで観戦しているとき、守備の選手が一人ボールを捕り損《そこ》ねると、連鎖的にエラーが続くことがあります。

極度の緊張を味わうと、自意識の〝誤作動〟が生じてしまいます。真面目な人ほど、その傾向は強く出るのです。失敗してはいけない、上手くやろう、とする意識が強まって、一人がエラーすると、見ていた他の選手が「自分も捕り損ねるのではないか」と不安をよぎらせます。そして過去の失敗を想起することで、連鎖的にエラーをしてしまうのです。

いつも捕れていたボールが捕れない……。これは技術面ではなく、メンタル面の問題です。

人間は自意識過剰になると、普段できていることができなくなってしまうのです。いわば、自意識の制御装置が外れて、コントロール不能な状態になってしまうのです。

その人が真面目であればあるほど、「次は失敗しないようにちゃんとやろう」とします。これは一見、前向きなようでいて、実は潜在意識は後ろ向きです。「失敗する」が前提となっているからです。

次の守備、次の攻撃とは「未来」のこと。未来に意識を向けているにも関わらず、気持ちは「過去」の失敗に囚われてしまっているのです。過去を挽回しようとしたり、それを未来で取り戻そうとすると、変な力みが出てきます。そしてネガティブな緊張を無意識に生み出してしまいます。

パフォーマンスに必要なのは、リラックスした、柔軟性の高い、ニュートラルな集中力。「失敗してはいけない」と思えば思うほど、人は過去の失敗のイメージを強くします。これもまた【マインドの法則】なのです。

人間の潜在意識は「〜しない」という否定形を、本来は感知しません。「失敗しないように」と思えば思うほど、実際は「失敗する」意識を引き出してしまうのです。失敗を繰り返すこと、過去を引きずること。それは性格の問題でも技術の問題でもなく、誰にでも当てはまる【マインドの法則】、つまり潜在意識の働きによるものなのです。

「次は、成功するか失敗するか」など、誰にもわかりません。トップアスリートであっても、その確率はフィフティ・フィフティ（50：50）。過去起きたことと、現在、そして未来に起こることとは無関係です。過去のネガティブな記憶を未来に持ち越す必要などないのです。失敗は起こりうる。だとしたら、次の瞬間、ネガティブな過去を断ち切り、マインドリセットさえできれば、気持ちを新たにし、未来からやって来るボールと向き合うことは誰にでもできるのです。

ここぞという瞬間にこそ、「曖昧さを楽しむ脳」に切り替える

トレーニングを始めると、どんな状況にも関わらず、「とにかくなんだかやれる気がする。よし！　やってみよう」という、マインドにセットアップできるようになります。

「未来は、こう在りたい」から、「いまから始めよう」とセットアップできることで、根拠がなくても、勇ましく在れるようになるからです。

多くの人は「ないことを面白がる」ということに慣れていません。揺れ動く感情に邪魔を

されずに、刻々と変化する時間に敏感に反応するために、より一層、高い心の視点を持つことが大切です。

人生というのは究極的には、「何をしたか」によって、幸不幸が決まるわけではありません。「何をしたのか」が重要ではなく、**「いま」というこの瞬間に、あなたがそこで、何をどう感じているかが重要**なのです。それこそがあなたの未来を変えていくからです。

目の前に起きていることばかりに囚われたりせず、いつも自分のマインドにフォーカスしていくこと。ここぞという瞬間にこそ、あなたの頭、意識、脳を「曖昧さを楽しむモード」に切り替えることです。

それは、第1章でお伝えした「考える回路」から「感じる回路」への、シフトチェンジ、つまりマインドのパラダイムシフトが起こるということです。

どんな感情も無自覚な自分が選択している

ここでまた、次のことをイメージしてみてください。

「あなたは来週末、久しぶりにゆっくり過ごせる時間が取れそうです。さて、それはいったい、どんな1日になるでしょうか?」

そこで思い描いたイメージを、実際に未来の予定表に書き留めてみてください。重要なのは「何をする」ではなく、そのとき「何を感じているのか」なのです。

「どこへ行くか」

「そこで誰と会うか」

「その人と何を食べるか」

それを思い描きながら、そのときその瞬間の、あなたのマインドを感じてみてください。

いま、あなたはどんな気分でしょうか。ワクワクしていますか。ドキドキしていますか。

それとも逆に落ち着かなかったり、沈んだりしていませんか。


これは「イメージワーク」の1つです。イメージをふくらませ未来の感情記憶を創り出すトレーニングです。

このワークでは、私たちが何気なく過ごす日常において、休日を「素敵な1日」にするか、「忘れてしまいたい1日」にしてしまうか、そこがポイントになります。

創り出すイメージがそのどちらであっても、実はそれは**無自覚な自分が決めているの**だ、ということになります。するとあなたは、いかようにも変化する危うさがあることに気づくはずです。そのためこれは、あなたの心を自在に変化させられる可能性を感じてもらうためのワークでもあります。

イメージした予定を書き込んだ時点で、あなたの無意識は動き出します。現実にはまだ起きていない、自分が創り出したイメージにすぎないにも関わらず、気分はさっそく応じて変化します。実に不思議なことなのですが、事実、そのように脳は動くのです。

まだ起きてもいない未来において、あなたがどんな感情を「いま」選択するか。それであなたの内側の世界は塗り変わるのです。それゆえ人生にとって何より重要なのは、この先あなたに「何が起きるのか」ではなく、この先のあなたがそこで「何を感じるのか」なのです。

目に見える物理的世界で、目に見えない喜びや幸せといった「何か」を感じ取れるマインド。そうしたマインドを創る重要性に、真に気づくことで久瑠式トレーニングの効果を一層引き出します。

マインドのスポットライトをちゃんと「自分」に当てていますか

自分の心にフォーカスする。

これを私は「マインドフォーカス」と呼んでいます。久瑠式トレーニングにおいて重要な〝心の業《わざ》〟の1つです。

あなたは、これまで、演劇やミュージカルを観に行った経験が一度や二度はあると思います。あるいは子供の時代に学芸会などでお芝居や演劇を体験したことがあると思います。

ここでまた少しイメージしてみてください。あなたはある演劇を観に来ています。

スポットライトを浴びている主演俳優に、あなたは注目をしています。次の瞬間、相手役の女優が舞台の袖《そで》から出てくると、今度はその女優にスポットライトが当たり、主演俳優は舞台にいてもスポットから外れています。薄暗い明かりの中で芝居を続けています。

相手役の女優にスポットライトを当てたのは、演出家が意図的に観客の視線が女優に注目するよう仕掛けたからです。これは、観客というものが自分の意志で見たいものを見ているようでいて、実は自分の意志とは別の何かを恣意的《しいてき》に見せられていることを意味しています。

こうしたことは、実は普段の日常の人生においても、頻繁に起きているのです。

さて、ここからは、あなたの「イマジネーション」が試されるところです。

今度は、あなた自身が人生の舞台に立っているとします。果たして、いま、スポットライトはあなたに当たっているでしょうか。

スポットライトの明かりとは、あなたの意識です。あなたのマインドのスポットライトを自分に当てているのか。それとも自分以外の他人に当ててしまってはいませんか。

他人に当てているとは、まさに「自分が自分を見失っている」状態です。あなたの人生劇場から、あなたという主演俳優が登場していないのですから、これでは盛り上がりようがありません。

「誰も見てくれない……」

「わかってくれない……」

そのような悩み、苦しみは、実はあなた自身が自分にきちんとスポットライトを当てずにいて、何も感じられずにいるからではないでしょうか。

何より危険なことは、スポットライトが当たらないでいるあなたは、真っ暗で何も見えない場所にいることを意味します。無自覚であろうとも、自分すら見えていない人間であり、自己中心的で厄介な存在となっているのです。

他人にスポットライトを当て続けていると、自分自身がわからなくなる

「遠慮深くて、慎《つつ》ましい」

これは、日本では美徳ととらえられ、また外国人から見た日本人の特徴的な気質の1つとも思われているでしょう。

けれど見方を変えれば、

「他人にばかり気をつかう」

「他人の視線が気になるので、目立ちたくない」

「自分を表現することが苦手」

といったような在り方でもあります。日本人に特徴的なこのようなイズムが、**あなた自身を抑圧してはいないでしょうか**。

それはまさに、他人にスポットライトを当て続けている人生でもあり、そうした人生を実は創り出していることでもあるのです。

自分のスポットライトを相手に当てれば、映し出しているのは他人の人生です。

あなたは自分が見られることも、見せることもできません。その分、気をつかわなくても

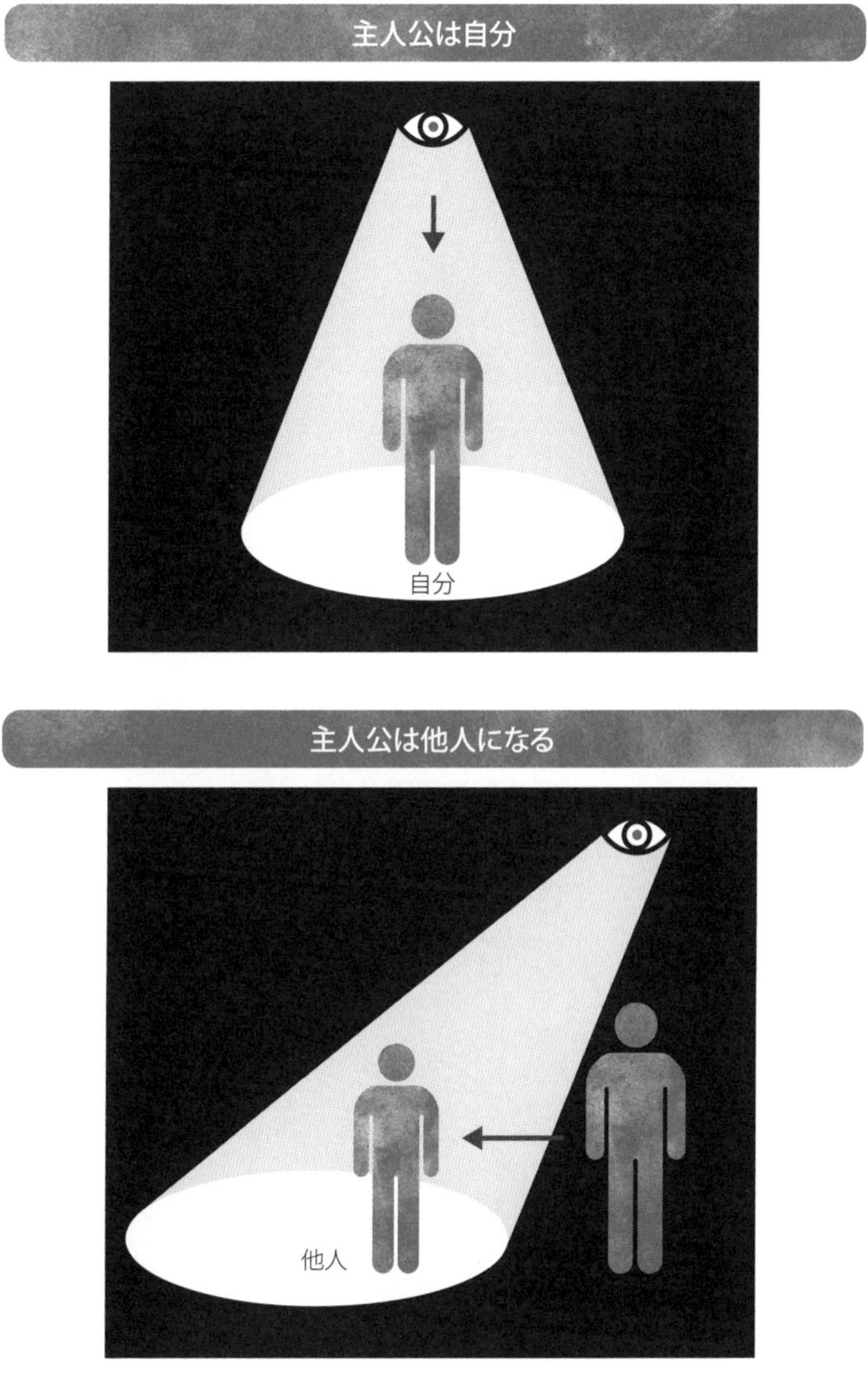

図6　心のスポットライト

よくなるでしょう。それは「相手に気をつかいたくない」という自意識の表われでもあるのです。日本の社会ではこれが、「他人を優先させる」、自己犠牲的な美徳にすり替わってしまっています。

「いい人でありたい」という根強い願望こそが、「よくない自分は見せたくない、見られたくない」というマインドを生み出すのです。

自分にスポットライトを当てられていない原因の多くは、そこにあります。自分をわかってもらいたいと思いながらも、「本当の自分は見せたくない」というジレンマの狭間に、自分をいつも置いています。自らのマインドスポットを当てられるからこそ、自分をちゃんと伝えられるのです。自らにフォーカスを向けることで、はじめて自分と自分以外の他人を同時に感じられるようになるのです。

そのために一人ひとりのマインドのスポットライトを高く高く引き上げること。そして自分を取り巻く世界全体を、あなた自身のスポットライトで照らし、映し出していくことです。

「マインドフォーカス」で見えないものをキャッチする

「人間関係が苦手です」という人は多くいます。けれど、その苦手意識の根本には何があるのかを知ろうとする人は、実のところ多くはいません。

その理由は、他人への共感力が足りていないのでもなく、コミュニケーション・スキルが乏しいからでもありません。根本にあるのは「自分が自分を見ていない」からです。

あなた自身が、もう一人の本当の自分を見ようとしていません。そのため自分への共感、自分のマインドにフォーカスできていないために、自分のことも他人のことも感じられない。それでは他人のことなど到底見えてはきません。

まずは、無自覚な自分に関心を向けることです。

マインドのスポットライトを自分に当てる。自分を照らすことによってはじめて、フォーカスされたマインドに様々なものを映し出していくことが可能になります。

繰り返しますが、人生を楽しめない最大の理由は、スポットライトを自分ではなく、自分以外の他人、外側の何かに当ててしまっているからです。そうではなくて、目の前にいる他人や世界を照らすことで、あなたの内側に取り込むことです。それが「感じる」ことにつながるのです。

自らにマインドスポットを照らす。それは主体的な人生であり、自分軸で生きるということでもあります。

心のアップダウンを楽しむマインドにセットアップする

あなたは、これまで、自分自身をどのくらいわかろうとしてきましたか。

あなたには、本音を言える場所がありますか。

自分の本当の想いを日々、ちゃんと伝えられているでしょうか。

どれだけ自分の願望や欲求を抑えているでしょうか。

このようなことを考えたことはありますか。

社会人ならば、たとえ朝早く起きることが辛くても、毎朝起きなくてはいけません。同居している家族とはどんな気分であっても会話もしなくてはいけない。休日だからといって一人でのんびり朝食ともいきません。朝、起きぬけには、母親や家族から、

「なんで頼んだことしてくれないの？」

と小言のひとつも言われます。家を一歩出れば、乗りたくもない満員電車で、足を踏まれたりもします。会社に行けば、積み上げられた書類に延々と向き合わなければなりません。朝から晩まで「～しなければならない」ことばかり。心が悲鳴を上げています。けれど我慢を続けることで心はどんどん元気を失くしています。

本音を誰にも言えずにいるならば、正直に「こんなのは嫌だ、自分はこう思っている」と、心の内側でつぶやいてみましょう。

感情が揺れ動くことは、決して悪いことではありません。問題なのはその感情を押さえ込んだり、無視して、自らの感情を〝やっかいもの〟として扱うことです。

自分の中から湧き出てくる感情に呑み込まれるのではなく、乗りこなすのです。揺れ動く自らの感情をしっかりととらえることです。

「いま、自分が何をして、何を感じているのか」

心の視点を高く引き上げ、揺れ動く感情の波を、自ら高台から俯瞰しているようなイメージを持つことです。「感情の揺れを楽しむ」のです。

「感情を抑えることが大人になることだ」という教育を、あなたは自分自身にしてきていませんか。

けれど、感情こそがあなたという存在そのものです。感情を無視することは、あなたという存在を無視することと同じなのです。自分を無視し続ければ、あなたはやがて周囲にも冷徹な扱いをするようになるでしょう。時には他人を深く傷つけ、自己嫌悪に陥ったりもするでしょう。

そして次第に自分にも他人にもイライラして、すべてが嫌になったりします。自分の感情を大切にできなければ、他人の感情など大切にできっこありません。それゆえ、人間関係が希薄になり、やがて「孤立」してしまうのです。これこそが現代の「心の闇」を生み出している大もとの原因といえるのです。

自分が「自分」を見捨ててはいないか

「自己喪失」という言葉を、よく耳にした時代がありました。しかし、これはいまも社会が抱えている大きな問題の1つです。

現代人は些細なことがきっかけで自分自身を見失いがちです。そして見失う状態がしばらく続くと、「自己崩壊」が起こります。

アイデンティティ・クライシスという現代の病み。**心の闇**です。うつ病もその1つではないでしょうか。すべてに無関心になり、もう何もしたくなくなってしまう。行動がストップする、体が動かなくなるのは、心が動かなくなってしまったからです。

心が疲弊《ひへい》すると、人間は何も感じたくなくなります。何も感じようとしなければ、感情はやがて動かなくなる。感情が揺れ動かなければ、何を見ても何を聞いても感動できません。

「感動」という言葉は、感じて動くと書きます。「感じられる力」は、心の健康にとっても非常に重要な役割を果たしています。だからこそ、感じられなくなったら人間は人生の喜びそのものを見失ってしまうのです。日常すべてにおいて生きることの価値を見出せなくなってしまうからです。

自分自身の存在が希薄になれば、当然、他者と深く関わることもできません。自分以外の世界とつながることができず、世界から取り残されていきます。それが「孤独」の正体です。世界のどこにも希望が見出せず、心の闇の中に入り込んでしまう。これが現代人を蝕《むしば》む様々な「病《や》み」の引き金となって、大きな社会問題の1つになっているのです。

何よりの危機は自分の心の闇に気づかず、放置したまま、どうにもならない状態になるまで目を背《そむ》けていることです。心理学や医学では、心の闇は「その人の性格や性質、周囲の環境に問題がある」と扱いがちですが、根幹的な問題は、**潜在意識の自分に目を向けていないこと、自分自身に無関心であること**だと、私は感じています。

【マインドの法則】のトレーニングの第1段階が「まず、自分を知る」ことから始めているのも、まさにそのためです。

「空気を読む」のは、自己防衛本能の仕業

「空気を読む」という言葉が、一時期、流行しました。人との交わりで、その場の空気を読むというのは、人としての常識とさえ認知されています。そして場の空気を読めない人間は排除しようという傾向すら見えています。

ではいったい人は何を恐れて、その場の空気を読もうとするのでしょう。

それは他人から嫌われることを恐れるからです。嫌われることで、どういう状況に陥るか危惧しているのでしょう。つまり、周囲からの「孤立」を恐れているのです。

空気を読めない人間は嫌われる。

家庭でも学校でも会社でも、そう教え込まれてきてはいませんか。自分が間違った行動を

していないかどうか、常に人の目を気にして空気を読む目線のもとには、**自己防衛本能**があります。まさに心の視点が引き下がった状態です。

結局のところ、場の空気を読むとは、本当は他人への気遣いではなく、自分が他人からどう見られているかといった自己防衛、つまり自分へ気遣いなのです。無自覚な自分への気遣いをしているだけです。

トレーニングをすることで心の視点が引き上がれば、そうした無自覚な気遣いとは無縁になります。場の空気がよくない場面であれば、空気そのものを変えてしまえばいいという意識になれるのです。心の階層が1段高まれば、小手先の表層的なコミュニケーションスキルなど必要なくなるのです。

「快の感情」を引き出すと、パフォーマンスは飛躍的に高まる

不安やコンプレックス、強度のストレスは、脳の活動にとってはマイナスの作用でしかありません。

緊張してコチコチになり、頭の中が真っ白になる。そういう経験をされた方は多いと思い

ますが、人間の脳波は、リラックスすることで活性化されます。緊張すると、思考停止状態となって頭が真っ白になるのです。

社会人ならば、ストレスなしの生活を送ることなど不可能です。そのためにも、必要なことは、起こりうるストレスフルの状況に、「平常心でこなせるマインド」をあらかじめ創っておくことです。どんな過酷な状況にさらされても、最適なマインドにセットアップさえできれば、平常心で臨めます。

反対に、ネガティブなマインドにセットアップされれば、パフォーマンスは常に低空飛行。いつも乱気流の中を飛行するようなもの。雲の中にいては、何も見えません。何も感じることもできないのです。マインドが不自由な状態にあるとそうなります。

心の階層を引き上げていく私のトレーニングは、この飛行機の離着陸のイメージにとてもよく似ています。あなたのマインドを「ここぞ」という瞬間に引き上げ、上昇気流に乗せてしまう。するとあらゆる場面において楽々とハイ・パフォーマンスを発揮できるようになります。

そのために必要なのは、心のモードを瞬時に切り替える〝心の業《わざ》〟です。

その心の業で「**上機嫌モード**」にマインドセットすること。「**不機嫌モード**」では、意識は自然に引き下がってしまうからです。そうなると、飛行機は下降し、制御不可能で何かに激突したり、墜落してしまうでしょう。自暴自棄というマインドです。

「上機嫌モード」にセットアップする

真面目な人ほど、自意識過剰な生き方をします。曖昧に〝いい加減〟に生きることができないので、自分の人生を「他人事」のように受け止めることが苦手なのです。

例えば人から頼まれごとをされると、

「自分には無理です」

「それは難しいのでは？」

と返答してしまいます。

「わかりました。やってみます！」とは言えないからです。

これは性格や能力の問題ではありません。やる気があるかないか、時間があるかないかの問題でもありません。自意識のコントロール、つまり、あなた自身のマインドのギアを「快の感情」の状態＝「上機嫌モード」にセットアップできるかどうか、なのです。

繰り返しますが、「人間は何を感じられているか」ではなく、「何が起きたか」に大きく翻《ほん》弄《ろう》されてしまいがちです。現実がどうであろうと、あなた自身がそこから何を感じて、どう感じ取るか。それがあなたの人生の価値を創り出すのです。

自由で居心地がいい自分に、慣れてみましょう。

実践してみてください。まずは居心地がよい気分になるため、今日1日を過ごすのです。

不安やイライラは、自分自身が選択していることに気づくと思います。

「自分で『イライラする』ことを選択しているから、不機嫌モードにセッティングされる。ただそれだけのことだ」ということが体感としてつかめることで、

「いつだって心のモードは、自分で選択できるのだ」

と思えるので、感情のコントロールは容易に行なえるようになれるのです。

視点が高く引き上がると、どんなときでも他人に親切にしたくなる

ここで1つ、具体例を挙げてみましょう。

あなたが急用で道を歩いているとき、誰かに道を尋ねられたとします。心の余裕がなければ「時間がないのに」と焦りを感じたり、「すみません。いま急いでいるので」とその場を立ち去ることだってあるでしょう。でも、どんなに急いでいても数十秒ならば時間はつくれるはず。立ち止まることくらいはできるはず。けれど心の視点が引き下がって「不機嫌モード」でいると、何もかもが煩《わずら》わしいので、困っている他人に意識が向きません。そんなときの人間の無意識は、話を聞くつもりがないためです。

相手の話を聞くつもりがないとは、最初から何もするつもりがないということです。職場でもよく見かけませんか、何でも即座に「無理です」と答えるような人を……。それは性格の違いではなく、「マインド・ビューポイント＝〝心の視点〟」の違いなのです。

マインド・ビューポイントの体感トレーニング1

2本の指で見るワーク

人間の脳は、何かを見ようとした瞬間、それ以外のものを見逃すのが特徴です。見逃したものを探そうとすると、今度はいままで見ていたものを見失います。意識したもの以外はすべて存在しなくなるというのは、人間がもともと2つのものを同時に見ることができないことに起因しています。

ここで重要なことは、意識できていない「何か」との無自覚な関係こそが、むしろ自分の未来を動かしている、ということです。そのことをほとんどの人は知り得ていません。このつかみどころのない特性を体得できるとどうなるか。「マインド・ビューポイント」は高まり、潜在意識にアクセスできます。

それでは実際に、ワークをして体験してみましょう。

心の視点、「マインド・ビューポイント」を引き上げるとは、どんな感覚か。これは簡単に体感できるワークの１つです。

１　目の前に自分の右腕をまっすぐ伸ばして、右手の人指し指を立て、見つめます。
２　次に左腕もまっすぐ伸ばして、同様にします。両腕は肩幅ぐらい広げて伸ばします。
３　右の人指し指に視線を移し、左の人指し指はそのままに、視界から消えるところまで移動させます。
４　左の人指し指は視界から消えましたが、右の人指し指はしっかりと見えています。
５　両腕を最初と同じように肩幅の位置に戻して、視線を左右の人指し指の真ん中に置きます。
６　右と左の人指し指を合わせ、次に両方の人指し指をだんだん左右に広げていきます。
７　そのとき両方の指を同時に見つめながら視界から消えるぎりぎりまで移動します。
８　両方の指が見える範囲内で、指を左右に広げたり、近づけたり、離したりしてみてください。
９　左右どちらもはっきりとは見えていないけれども、どちらもなんとなく見えている。その感覚を繰り返し体感していきます。

このふんわりと、ぼんやりと見えているという感覚、これこそが「マインド・ビューポイント」の視座の体感です。両手の人指し指を横に広げ続ければ、両方とも見えなくなる。片手の指だけしっかりと見ようとすると、もう一方は見えなくなる。目の前に両手を移動すれば両指が見られる。ところが、視点を引き上げると、左右に広げた両指が同時に、ぼんやりと見えるようになります。潜在意識に通じる曖昧な意識を生み出すからです。

ぜひ何度も試してみてください。最初はわからなくても、「あっ」と体感につながる瞬間が必ず訪れます。「わからない」→「感じられる」を繰り返すことが、体感トレーニングのベースです。

このワークは、潜在的な力を引き出す礎《いしずえ》となります。このトレーニングで視点を引き上げ続ければ、**複数のことを同時に見られるようになります**。物理空間からどれだけ自由になるか。その自由を獲得するためのワークといえます。

マインド・ビューポイントの体感トレーニング2

「マインド・ビューポイント」を高く引き上げるワーク

いつもと違う視点、高い視点で自分を見つめると、感情に振り回されることなく、すべてをポジティブに考えられるようになります。

まず、始める前に。あなたは人と話をするときに、相手のどこを見て話をしていますか？　顔？　目？　唇？　それとも服装？　あなたの意識に最初に入るのはこうした「目に見えるもの」でしょう。

今、目の前にいる、目に見えている相手と、自分。二人は同じ地表の上にいます。そこで「もう一人の自分」をイメージしてみてください。

「もう一人の自分」が、ふわりと空中に浮くような、浮いているような姿をイメージしてください。空中に浮いて高く引き上がると、「もう一人の自分」の視点も高くなります。

相手を俯瞰するような位置まで高く浮くと、どうなるでしょう。
あなたは、もう一つ上の視点を持つことになる。つまり高い視点を持つことになるのです。

高い視点を持てるようになると、今まで相手しか見えていなかった視点が、相手と自分、両方を上から眺める視点、相手も自分も見える視点に変わります。相手も自分も見える視点になると、相手のことがもっとよく見えるようになります。

それだけではありません。視点を高く引き上げることによって、あなたの心には、ゆとりが生まれてくるのです。冷静になれるのです。
そして相手と、自分自身を、客観的に見ることができるようになります。客観的に見えるようになると、あなたに入ってくる情報、見えてくる情報は格段に増えてきます。

最初に見えていた相手の顔や目、姿かたちよりももっと違う何か、相手の気持ち、相手の想いを感じるようになりませんか。
あなたには、相手の心の中の思いが、見えてくるのです。

次に、もっと、視点を引き上げてみましょう。

もっと視点が引き上げられると、相手が今、なぜそんな気持ちでいるのか、その人のすべてを受け止める、真に受け入れられるような視点を持てるようになります。

それが、愛。利他的な愛に溢れる視点まで引き上げると、相手が言葉にできなかった言葉、無意識にあった思いまで感じれるようになります。つまり、相手の「目に見えない価値」を感じ取れるようになるのです。


目の前にいる人の「目には見えない価値」を感じ取る。それこそが理想の在り方であり【マインドの法則】の「心の視点を引き上げる」トレーニングで創り上げるマインドです。

人生を変えるには、年齢も環境もまったく関係ない

意識が変わり、心の階層が上がった人には、自分でも驚くような「奇跡」が次々に起こり始めます。一度でも心の視点が引き上がった体感を覚えると、それは一生ものです。

そして、心に余裕ができるため、自然と人とのつながりが生まれていきます。

「自分を知る」と、「他人を知りたい」欲求が生まれます。自分に関心が向くと、他人にもいままで以上に興味が湧いてくるからです。すると、次から次へと様々な事象に対して連鎖的に興味が湧いてくるようになります。人との関わりに苦手意識を感じがちだった人も、まったく気負いがなくなっていきます。

性格や環境を変えなくても、トレーニングによって心の視点が引き上がります。引き上がれば、周囲との関係に様々な変化が起こるのです。これまでの行動パターンを変えるつもりがない人も、無自覚に変わり始めます。

こうした奇跡のような変化を起こすのが【マインドの法則】の醍醐味です。

「これまでくすんで見えていた人生が、なぜかいまは輝いているように見える」

これは、マインド塾に四国から通われている50代後半の女性Aさんが語った言葉です。彼女は塾に通うようになって、見違えるほど華やかな存在感を放つようになりました。プライベートでも何十年も履かなかったヒール靴を履くようになり、素敵な花柄のワンピースや明るく柔らかな色の服を着るようになったそうです。

「この歳になって、こんなに大胆に変化できるとは自分でも信じられないんです」

何より自分自身が自らの変化に一番、驚かされているのです。それは、体感トレーニングが無意識の領域にアプローチする何よりの証でもあるのです。

さらに彼女は、「もっと多くの人たちに、自分に起きた奇跡のような変化を伝えたいです。元気づけていきたい」とさえ言ってくれました。

「こんな性格だからしょうがないとか、自分には無理だとか言って、これまでの私はすべてから逃げていました。でもいまは何か重くのしかかっていたものから、軽やかに脱皮できた気分です」

柔らかな口調で、Aさんは目を輝かせながら語ってくれました。

自己肯定感が高まると、心が軽やかに華やぎ出す

マインド塾は、グループでワークを行ないます。自分一人ではできない絶対的な効果が、そこにはあります。

「他己《たこ》紹介」というグループワーク（140ページ）では、まず二人一組で自己紹介をし合い、その組んだ相手のことを今度は別のグループのペアに向かって紹介します。例えば、

「○○さんはとても柔らかい雰囲気がありますが、実はとても男前なんです」

と紹介するのを、グループのメンバーが皆で頷《うなず》きながら聞くのです。最初は皆の前で気恥ずかしさも感じますが、紹介者の言葉に共感するグループの空気に包まれて、紹介されている本人も「そう言われればそうかもしれない」と、認めざるを得ないような思いになります。するとと、「もっともっと言ってほしい。自分のことをもっと紹介してほしい」という欲求が出てきます。他者承認から、自己承認へと移行する瞬間です。こうなると、自己肯定感がグンと高まってくるのです。自己肯定感が高まると、自分からも何かを皆に伝えたい、とさえ思うようになります。普段、消極的な人間であっても、それは同じです。行動を変えられないのは、性格のせいではないからです。

それゆえ自分のマインドが充電されていくと、「今度は自分から発信したい」と思うようになり、

「こんな話をするつもりではなかったけれど……」

「いままでこの話は他人にしたことはないですが……」

というような変わり方をします。聞いている人も、話す人も、

「一人で本を読んでいては、絶対に得られない体験です」

という体感を参加者は毎回、各々がつかみ取っていくのです。

話すほうは、目の前にいる人たちによっても、話を引き出される形になります。他人と関わることでしか得られない、「何か」が生まれる瞬間です。

心の充電のための体感トレーニング

心の鏡に映すワーク

二人ペアになって、向き合って座ります。お互いに、相手を前に感じたことを伝え合います。

■褒《ほ》め合いタイム

［ワークの内容］

相手が伝えてくれた言葉の中で、特に自分が「嬉しかったこと」を相手に伝えます。互いに伝え合うイメージです。こうして〝他者〟に与えた「何か」から、褒められたことでもう一段高い視点を獲得し、お互いの相乗効果で、肯定感を高めることができるようトレーニングしていきます。

［ワークのポイント］

自分で自分を認めることは難しいことですが、まずは他人からふいうちに承認されると、気恥ずかしいながらも受け入れやすくなるという体感をじっくり味わってください。

■感謝タイム

［ワークの内容］

伝え合ったことの中で、特に「自分が誇りに思えたこと」を相手に伝え、感謝の気持ちを表わします。お互いで感謝の気持ちを伝え合います。

［ワークのポイント］

自分のことを褒めてくれた相手に対して感謝を述べる。そのことは、婉曲《えんきょく》的には自分で自分を認めることにもつながっています。また、口に出して人を褒めることに不慣れであることを、あらためて体感することで、いかにして自分を高めていくかの心の在り方を体得するようになります。〈他人の視点を入れて、もう一人の自分を見る。それにより盲点、秘密の窓を開ける〉

心の自信を創り出す体感トレーニング

他己《たこ》紹介のワーク

1　ペアを組み、最初に簡単な自己紹介をお互いがします。

聞いているほうは、あとで別の誰かに相方の人となりを発表（他己紹介）するつもりで、相方の自己紹介をじっくり聞きます。

［ワークのポイント］

具体的な話の内容に集中しすぎないようにします。その人の話し方、口調や雰囲気をふんわりと感じながら聞くようにする、目に見えない深層的な情報＝人となりをつかむように聞きます。

2　別の人とペアを組み、最初のペアの相方について、他己紹介をします。

相方について、少し話を大げさなほど、3割増しくらいにふくらませて「いかに素晴らしい人か」「凄《すご》い人か」を伝えます。

すると、相方がいかに素敵な人物だったか、新しいペアの相方にも認識されます。褒められた人はこうして〝上機嫌モード〟になると、紹介した人も〝上機嫌モード〟になり、聞いている新しいペアの相方も心の視点が自然と上がっていきます。

[ワークのポイント]

自分で自分を褒める、自慢をするのと違い、他人に対して臆することなく褒め称えることには、自意識が働きません。褒められると、他人の視点を入れて自分を開示することになり、心の窓が自ずと開いていきます。こうした体感を誰もが自然な形でつかみ取ることができます。

ミラーニューロンとメタ認知能力

人間は、**ミラーニューロン**という脳の神経細胞を持っています。

これは「鏡のように相手の感情を映す神経細胞」です。

例えば、相手が辛《つら》そうにしているとき、それを見ている自分も辛く感じてくる気持ち。反対に相手が嬉しそうに笑っていると、自分も思わず嬉しくなって微笑んでしまう、それこそがミラーニューロンの働きによるものです。

「相手の気持ちを相手の立場に立って感じる」

このミラーニューロンを活性化させることで、目に見えない人の想いや、無限に存在する様々な情報を察知することができるようになれるのです。

心のベクトルを外側でなく、まずは自分自身に向ける。このトレーニングが「マインドフォーカス」という〝心の業《わざ》〟であることは、前にお話しました。

この業をマスターすると、自分自身の中にもう一人の自分がいることに気づくことができ、一段引き上げた心の視点で自分を達観視して見ることができるようになれる。つまり、物事を二次元的に平面でとらえるのではなく、立体的に三次元でとらえ、全方向から自在に自分を感じられるようになります。

この力を〝**メタ認知能力**〟といいます。

メタ認知能力を活用できるようになると、誰かと会話をしながら、自分がいま何をどのように感じているか、同時に把握できるようになります。これは、マネージメント力の基盤にもなる大きな能力です。例えば、

「自分はイライラしている」

「私はいま、自分を責めはじめている」

と自らの感情の動行に気づき、同時に目の前の相手のうごめいている感情も「察する」ことができるようになります。この「察する」という行為は、「イマジネーション」を働かせることで未来を推測すること。つまり、「イマジネーション」を働かせることができなければ、未来を動かすこともまた、できないのです。

心の視点が引き上がると、相手の言葉の真意が読み取れる

「人間」という字は、人の間（あいだ）と書きます。

マインド塾でも、3日間セミナーでも、参加者の「間《ま》」を私は感じるようにしています。

私が創り上げようとしているのは、**そこに入り込むだけで何かが変わるような、特別な「空間」**です。

トレーニング中のセッションにおいても、会話そのものの言語的意味に耳を傾けるというよりは、話している側と聞いている側との間、つまり両者を同時に感じ取れるイメージです。

人が自ら言葉で伝えられている情報と、人に真に伝わっている情報とは違います。心の視

点が高まると、話し手の言おうとしていることや真意が、聞き手にどう届いているのか、同時に読み取ることができるようになります。

いま、自分が言った言葉が相手にどう届いているか、そして届いたものに対し、次に何をどう伝えたらいいいか、言葉と言葉の「間」の中に見出すことができるようになります。

サッカーの試合などを観ていると、プロの中でも優れた選手とそうではない選手の違いは、素人目にも明らかです。

上手な選手は、ボールも味方も目では見ていません。敵の選手も見ていない。「察する脳」を働かせて、ボールの軌道をイメージしながら、「味方はあそこに動く」と先を読んで、その場所へパスを出しているのです。相手に簡単にボールを奪われてしまうのは、味方の選手がいまいるポジションにパスを出してくるから。対戦相手も同じように見ているので、想定内のパスを取られてしまうのです。当然のことです。

一流の選手になればなるほど、無意識のやりとりを魔法のように扱うことができ、潜在能力をフル稼働させて、奇跡的ともいえるパスを次々と成功させています。

しかしそのような意識は、パスを出す側、受ける側の、最低二人以上の共有がないと、一

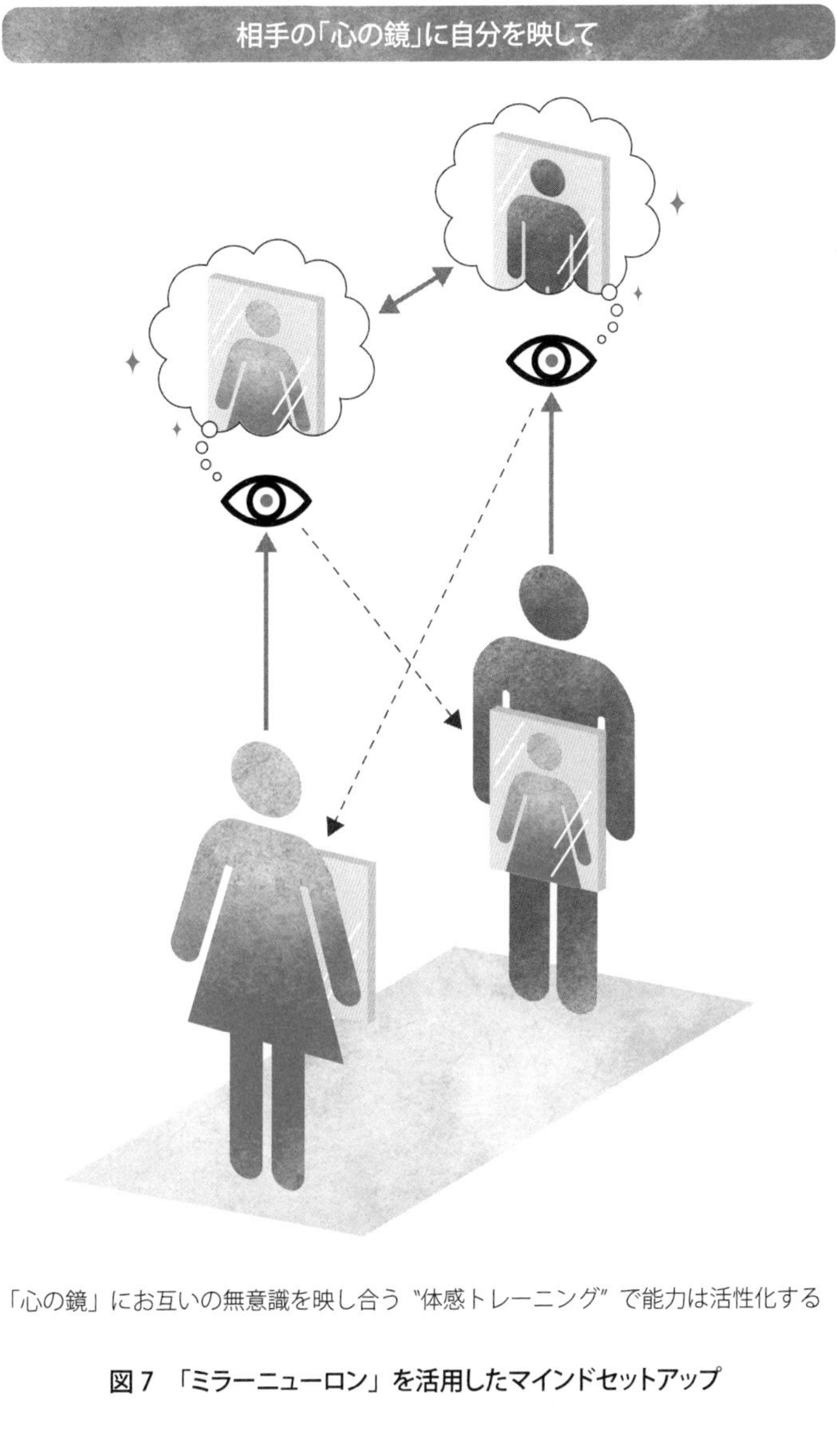

「心の鏡」にお互いの無意識を映し合う〝体感トレーニング〟で能力は活性化する

図7 「ミラーニューロン」を活用したマインドセットアップ

人では機能することはできません。だからこそ、高い意識、高い視点を持つ者が増えれば増えるほど、そのチームは最高のレベルへと進化できるのです。

「感じられない」ことを放置していると心はサビつく

例えば、買い物でお店を訪れるとき、「またこのお店に来たい」と思わせるものは、店の空間にある、店主のセンス以外の何ものでもありません。

そうしたセンスがないとすれば当然、リピーターもなく、いつまでもただひたすら一見の客を待つという、消極的な営業スタイルになってしまいます。

センスとは、「**無意識の仕掛け**」です。来店されたお客様を喜ばせたいという思いがあってはじめて、「お客様が何を望んでいるのか」を知ろうとすることで、「感じる回路」にアクセスできます。

顧客の名前や住所、電話番号といった情報をどれほどコンピュータに入力しデータ化したとしても、再び来店してくれるはずもありません。ＩＴ革命によって進化を遂げ、どれほど便利な社会になったとしても、人間が本質的に必要としていることは、「感じ合えること」

であることには変わりがありません。

人間は「感性」というとてつもない武器を持っています。それは人間が人間であることの、唯一無二の証でもあります。

コンピュータに負けない脳を持ち続けること。そのためにも、自らの感性を磨くトレーニングを日々、怠《おこた》らないこと。感性を失くせば、やがて人は自分自身を見失い、最悪の場合、心の闇を抱くことにもなってしまいます。

「誰でもいいから傷つけたかった、むしゃくしゃしたからやった」

そんな、人間の姿をした怪物（モンスター）と化してしまいます。感性を失えば、人間は人間でなくなるのです。

コンピュータがどれほど進化を遂げ、あらゆる分野に革命を起こしたとしても、最終的には**コンピュータを活用し駆使できる人間の感性が必要とされます**。どんなにテクニックや技術を高め、世界を創造できても、最終的にそれらを活用するのは人間です。そして、それらを社会に機能させることができるのは、人間の感性しかないのです。

ＩＴ革命がますます加速するこの時代に、人間の真の価値をもう一度考え直すときが来ているのではないでしょうか。

マインドトレーニングは人生最高の投資になる

コンピュータは、膨大な情報量を分析することはできても、物事の裏側を見つめる画家のような眼を持つことはできません。また、天才シェフのような感性で、未知なる味を創り出すこともできません。

人の涙の意味は解析することはできないのです。塩分は計れても、心の意味を感じ取ることはできません。しかしそれだからこそ、**感性を磨き上げる時間こそが、あなたという人間の価値を創り出すのです**。

自分そのものの価値が高まると、自分のやっていること、すべての価値が高まります。けれど、どれほど高級なものを身につけていたとしても、あなた自身の価値は上がりません。けれど自分の価値が上がれば、着ているものの価値さえも上がるのです。オークションで有名人の私的な洋服などに高値がつくことがあります。それらは、どこのブランドであるかといった価値ではなく、誰が選び、所有していたモノかが、重要なのです。そこにはモノ本来の価値に、持ち主の価値が＋αされています。

人脈も、同じことが言えるでしょう。お金や時間も、そのものに価値があるのではなく、それらすべては「あなた在りき」のモノでしかないのです。あなたのマインドが、あなたの価値すべてを決めている。そう言っても過言ではありません。

そうした意味において、**自らのマインドを磨き上げるトレーニングは、一生ものの、最良の投資といえるのです。**

第3章
リーダーシップマインド
自然とリーダーになってしまうマインド

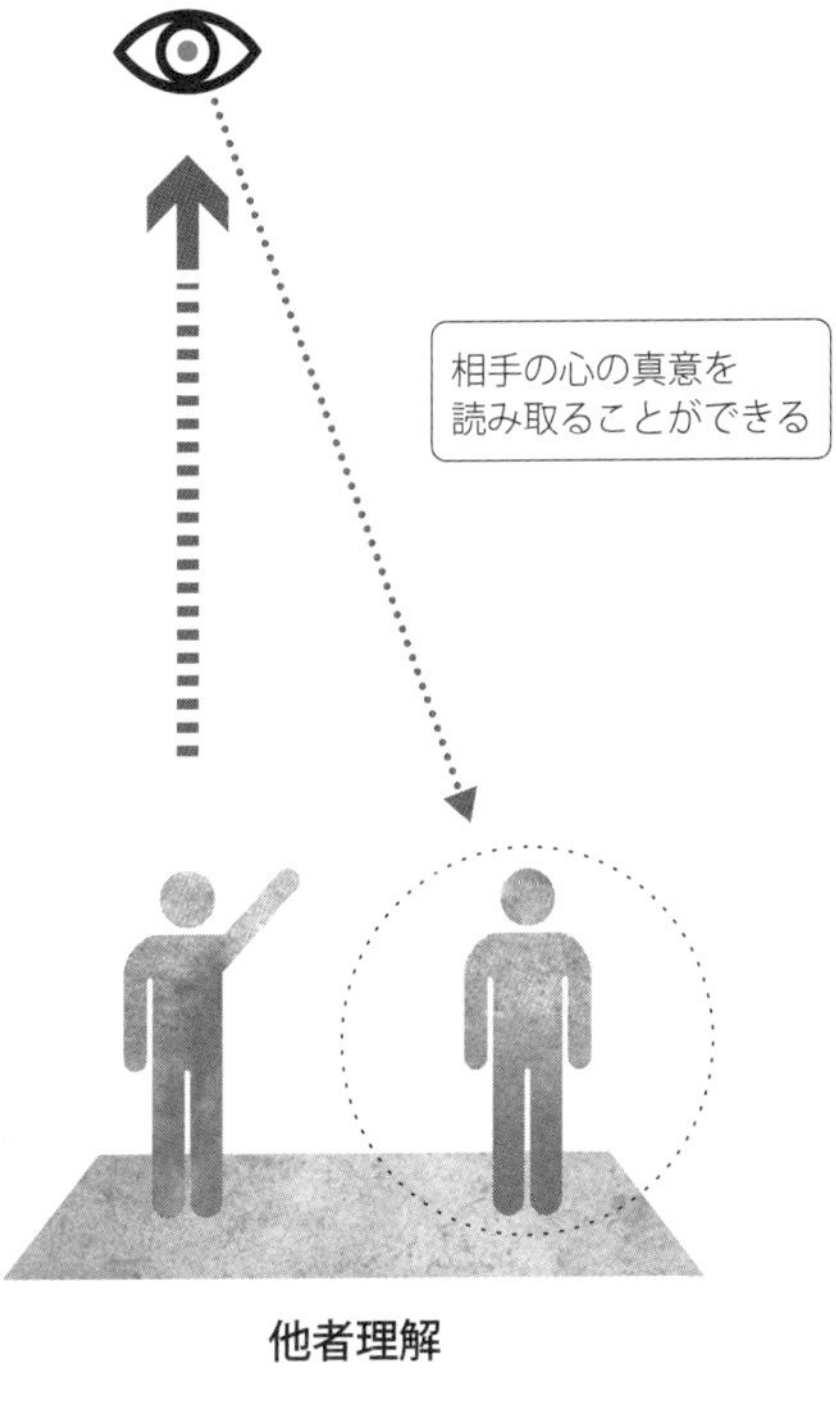
相手の心の真意を
読み取ることができる
他者理解

足りていないのは能力ではなく、リーダーとしての「役創り」

「リーダーシップマインド」の「リーダー」とは、組織における役職がリーダーという意味ではありません。【マインドの法則】では、**どんな状況下でも情報に素早く反応して、自ら行動できる人間力**を指しています。

このマインドポジションは、心の視点がさらに引き上がった第3段階の階層であり、自分だけでなく、周囲にいる人々も導くことのできるマインドです。

真の「リーダーシップマインド」は、無意識に自らの「快《かい》の感情」をキャッチアップして、条件反射的に心の視点を引き上げることのできるマインドです。集団の中にいると、自然とリーダーになってしまう「マインド」ともいえます。

ビジネスの世界では、「リーダーシップ研修」という研修制度があります。リーダーという役職についた人々に向けて、リーダーシップを上手く発揮できるよう指導する研修のことです。実はここには大きな落とし穴が潜んでいます。

というのも、研修の目的が「リーダーとしての能力が足りない人に、リーダーとしての教育をほどこす」ように受け取れるからです。それにより、研修が始まる前から、参加者には「自分はリーダーとして足りていない」「リーダーシップを発揮しなければならない」という ネガティブなマインドをセッティングしてしまいます。すると研修を受ける前から、無自覚に「ネガティブなリーダー像」を創り上げてしまいかねません。

そもそも、企業のリーダーにとって重要なものは、本人の能力だけではありません。むしろ必要なのは、リーダーシップを発揮するための、その先の〝潜在的なニーズ〟に応えるための心構えなのです。そのマインドまで「セットアップ」するタイミングが重要なのです。

会社に雇用され対価を得る立場では、その役職としてのタスクを求められます。リーダー職ともなればなおさらです。役職についた初日から、ベストな結果を出せるのが、プロフェッショナルというもの。当然、求められるリーダーとして振る舞えなければ、その時点で役不足となります。

「徐々に慣れればいい」という意識では、企業の大きな損失になりかねません。研修を受ける立場からすれば、研修期間の間、かえって現場から離れる空白の時間を生み出し、マイナスに働くこともあるでしょう。

私がここでお伝えしたいことは、研修を行なうタイミングが問題ということです。

研修を行なうタイミングは、役職につくもっと前にすべきなのです。理想は、「リーダーシップマインド」にセッティングされた後、役職につくことのほうが、本当はベストなタイミングでしょう。そもそもリーダーシップマインドの持ち主だからこそ、高い役職につくというのが本来の在り方です。

にもかかわらず、リーダーに抜擢されてから、リーダーのマインドを研修で創ろうとするため、タイミングがずれ、遅れをとってしまうのです。つまり、マインドのセッティングが間に合っていないため、その人がリーダーとしてのマインドを持たずして現場に立ったとしても、業務に追われる一方で焦りばかりが生じます。これでは本番で力を発揮するどころではありません。真にリーダーとしての自覚が芽生えていないため、必要な能力すら引き出せません。やがて、積み重なっていく日々の業務をこなすプレッシャーに押し潰《つぶ》され、ネガティブスパイラルにはまっていくのです。

リーダーに内定した時点で必要なのは、「リーダーとしての新たな自分になる」という役割に対する覚悟です。私は、企業の研修でこの**役創り研修**を行なっています。組織においては「役」を与えられた時点ではまだ、未経験です。赴任前の段階で足りていないのは、能力ではなく、その役に対するマインド創りだけなのです。

そのため、自らの役割に対するイメージをあらかじめ創り出しておけば、未経験を理由に何をしていいのかわからず不安を募らせることはありません。出たとこ勝負で無能感を味わうこともないのです。心の視点が引き上がり、「快《かい》の状態」のマインドにセットアップされれば、どんなことに直面しても、うろたえたりせず、自然とリーダーシップを発揮する立場の人間として、振る舞えるようになるからです。

あらかじめ**役創り**をすることで、自らの役を担うためのマインドがすでに内在していれば、現場でいざというとき、自ずと大らかに対応することができるようになるのです。

心の視点が上がると、他人に対し優しい気持ちになれる

自分の潜在意識に働きかけるトレーニングをマスターすると、1つ上の視点から、自分と周囲の両方を同時に見ることができるようになります。

自分だけでなく、他人や、それらを取り巻くすべてのものを感じ取ることのできる、心の視点を持てます。すると人は、その性格のまま、数段上の人間に瞬時に生まれ変われるので

す。

例えば、街にいれば、自分を含め街全体を俯瞰できるようになります。

何十メートルも離れた場所で誰かがハンカチを落としても、気づくことができます。と同時に、「落としたことを教えてあげたい」と、無意識にその人のもとに駆け寄るのです。こうした行動が、自然とできるようになる。普段なら「別に自分には関係がない。ハンカチを落としたと声をかけるのも面倒くさい。声をかけて不審に思われるのも嫌だ」というような「負の感情」が生じたりします。そんな感情は湧く暇もなく、瞬間に、自発的に動く人間になれるのです。

電車やバスの中では、お年寄りや妊婦さんを見かけたらすぐに席を譲りたくなる。意識せずとも**他人に対して優しい気持ちに自然となれるのです**。

「何かしなくては……」ではなく、「何かをしたい」と、**自分軸で動く人間になれる**。自分がいま、何を感じているかがわかっているので、「どうすべきか」と考え込むことなく、「こうしたい！」と感じてすぐに実行できます。それらはすべて心の視点が引き上がっているからです。

そして、やがては、他者の心の視点も引き上げて、〝上機嫌モード〟にセットアップできます。社会における真のリーダーとなる人のマインドの在り方です。これが体感トレーニングによって創り出される「リーダーシップマインド」です。

共感力を飛躍的に高める体感トレーニング

「リーダーシップマインド」を創るワークには、次のようなグループワークがあります。

「この人を〝魚〟にたとえるとすれば、何?」

一人ひとりが「イマジネーション」を働かせ、お互いの印象を魚にたとえれば何か、自分のマインドで感じたことを言語化して伝え合うワークです。

視点が低いままだと、どうしても見たままを述べてしまい、

「〇〇さんは赤い服を着ているから金魚です」

「目が大きいから金目鯛です」

と、服装や体のパーツという表層的な部分で、その人を物理的に見てしまいます。けれど体感トレーニングは重ねて取り組むだけで、目に見えない内面的なものを感じ取れるように

なり、

「とても穏やかで、親しみが湧くので、イルカみたいです」

と相手の雰囲気から推測し、瞬時に表現できるようになります。

たとえられる側も、表層的なイメージよりは、深層的なイメージで自分を受け止めてもらえると、心の視点はグッと引き上がる感覚を覚えます。

「○○に似ている」と言われて、すぐにはピンとこなくても、無自覚だった新たな視点を生み出すことができるのです。

お互いが、自らのマインドで相手にフォーカスしていくことができるこのワークは、お互いを何かにたとえ合う過程で、より深く相手を知りたくなっていくのです。そうすると、自然に、好きとか、嫌いといった感情レベルから離脱した「リーダーシップマインド」につながる階層にまで、心の視点が引き上がっていきます。

他者との交わりに苦手意識を持っていたり、まったく関心がなかった人でも、次第に他人と関わることへの抵抗がなくなります。**もっと人と深く交流したくなるのです**。目に見えないモノや、人との交わりを通して、より多くの情報をキャッチしたくてたまらなくなる、そんなマインドになっていくのです。

マインド塾では、こうした自らのマインドを使い様々なワークを通して、意識の階層を1つひとつ高め、空間として創り出していきます。その空間の中で、自分を見つめ、自らのマインドに他者を映し出すことで、「マインド・ビューポイント」そのものを高めていきます。すると脳の神経細胞ミラーニューロンが優位に働き、相手への共感力が飛躍的に高められます。それは「さあ、共感しましょう」ではなく、気がついたら「共感してしまう」というレベルまで引き上げていくことで、真の「リーダーシップマインド」を創り出していきます。

「時間オンチ」を克服すると能力は格段に上がる

「マインド・ビューポイント」が引き上がれば、自分を取り巻く様々な情報が自然と目に入ってくるようになります。

物事の全体像を俯瞰して見ることができる人は、状況を一瞬で把握できているのです。見ようとしなくても見えてしまう。そのため、そのときその瞬間、ベストなタイミングで実行に移せます。

「マインド・ビューポイント」が引き下がり、物事を部分的にしか見ることができないと、どうでしょうか。1つのことに意識が向くと、それ以外のことは放置してしまう習性が、人間にはあります。すると、日々の業務では、真面目に向き合えば向き合うほど、それ以外のことに意識が向かず遅れをとることになる。頑張っても一向に業務改善につながらず、時間に追われ間に合わせの仕事に明け暮れてしまう。そんな悩みが絶えないのです。

後から後から、こま切れに指示を出してくる上司。

計画だけは立てても一向に実行力のない部下。

結果的には、予定に間に合わず、クオリティも一向に向上しません。

同時並行で物事を進められないと、効率はひどく悪くなります。現場の業務の質も量も、向上できずにとりこぼしばかりが続けば、それこそ企業にとっての危機です。これらはすべて、心の視点が引き下がっているときに起こる現象なのです。

私のトレーニングでは、こうした実務的行動を促すため、〝時間術〟を大いに活用し、「潜在意識」をマネージメントすることから始めます。

「いまやるべきことに対して、いま取りかかろうとする」のは、リズムや音階のズレを生じる「時間オンチ」といえます。何をするにもスタートに出遅れては、いつも「間に合わない」「手遅れになる」という状態になってしまいます。

問題は、いつ取りかかるのか、です。その違いなのです。能力が足りないわけでも、いまの仕事に向いていないわけでもない。ただ単にタイミングが悪い「時間オンチ」になってしまっているだけです。

「次にやることに対して、すでに取りかかっている」

という前のめりのリズムに慣れれば、モチベーションは自ずと上がるでしょう。そして、一人ひとりの潜在的な能力が現場で発揮されれば、企業は飛躍的な躍進を遂げられます。

今日やるべきことを今日やってはいけない

では、「今日やるべきこと」は、いつやるのがベストでしょうか。

今日仕上げなければならないことを、今日取りかかるから、間に合わない。焦りが生じます。今日仕上げなければならないことは、今日がやってきた瞬間にすでに終えているのがべストなのです。そのリズムを切り替えてしまうのです。

そこにスペシャルなマニュアルのスキルも、時間管理のテクニックも必要はありません。時間オンチになっているマインドのクセさえ直せば、余裕を持って物事を処理できるようになれます。そのリズム感の悪さが「時計の時間」と「心の時間」のズレを生み出しているだけです。

「今日の仕事を、今日取りかかる」のは当たり前のようで、実は**マインドトリック（心のワナ）**にかかっているのです。

1分先をイメージできるかどうかが、大きな差を生み出します。

1時間前に前もって動き始める。

3日先のことをすでに思い描いておく。

1年先の自分を想像できているか。

日々の生活の中で、そういった意識の習慣を持つことが重要です。「いま」という目の前にある時間は、コンマ1秒経った過去の顕在意識の積み重ねに過ぎません。

「未来」という不確かな時間を、どう自分の味方につけるか。それこそが「リーダーシップマインド」を創り上げるうえでの、最も重要な課題です。自分の時間をマネージメントできない人に、他人の時間や組織の時間をマネージメントなどできないからです。

リーダーとは、逆境において勇気と希望を生み出せる人

時間を管理しようとし過ぎ、逆に時間に管理されてしまう人が多くいます。現在の地点、つまり「いま」という瞬間に悩んでいると、意識は常に過去へ流れているため、未来がまったく見えてきません。

真の「リーダーシップマインド」の持ち主は、時間が未来から「いま」に向かって流れてくるイメージを持つことができます。心の視点が引き上がっているので、「いまやっていることはもう終わったこと」と意識できます。「過去」を「現在」に持ち越すことはありません。ミスをした失意の部下がいたら、「ミスからどうリカバリーするのか」「これで明日は大丈夫だ」と部下の意識を未来に向け、彼を勇気づけることができるのです。

失敗して落ち込んでいる人間に対して、無意識に楽にしてあげられる人、勇気と希望を与えられる人、それがまさに真のリーダーの素養なのです。

真のリーダーが不在の職場は、部下の心の視点は引き下がり、土壇場ではさらに引き下げられて失敗を繰り返すだけ。やがて抜け出しようのない、アリ地獄のようなマイナススパイラルに陥ります。もはや地面を這《は》いつくばる働きアリのように、低い視点で歩み続けるよりほかなくなります。

たとえ、そのようなマイナススパイラルに陥ったとしても、時間を「過去→現在→未来」ではなく、「未来→現在→過去」と流れている、そうとらえてみることです。そうすることで、誰もが未来に希望を見出す勇気を自ら生み出せるようになれるからです。

「未来の記憶」で人生は思うままに変えることができる

多くの人は、昨日までの自分が「いま」を創り、「いま」やっていることが明日を創り「未来」を創り出していくと、思っています。

「過去→現在→未来」へ時間が流れるという概念に縛られているため、過去に失敗したこと、苦手だったことを「現在」に持ち込み、「未来」を左右する要因にしてしまっています。

「学生時代は試験のときなど、本番に弱かった。社会人になったいまでも、資格試験を受けようとしても心配でしかたがない」

「これまでダイエットに成功しなかったから、もう頑張っても無駄だろう」

「いままで営業でいい数字を出してきた。それをキープするためにも、他のやり方は取り入れたくない」

など、過去の記憶に囚われて、「こうしたい［want］」という純粋な意欲より、「ねばならない［have to］」が勝《まさ》り、「成功しなくてはいけない」と行動動機が縛られ、身動きできなくなってしまう。これでは未来を感じることはできません。

必要なものは、ただ1つ、未来のビジョンを創ることだけです。


過去は実際に起こった事実なので、リアリティがあります。

その重さから「過去の自分」に引っ張られ、「現在の自分」が委縮《いしゅく》してしまってはいけません。「未来の自分」も「成功できないだろう」という、負のスパイラルに陥ってしまいます。

しかし人間の脳は、よりリアリティの強い鮮明な記憶を［イマジネーション］によって創り上げることができます。それが現実のことでなくとも、この先に起こる「未来の記憶」として認識することができるのです。

それにより過去や現実がどんな状況だったとしても、あなた自身の「イマジネーション」によって「こう在りたい」という未来のビジョンさえ創り出せば、人生は思うままに変えていくことはできるのです。

あなたの潜在意識に眠る真の「ｗａｎｔ」が、「いま」という現実に奇跡を起こしてくれるのです。

1分先の「未来」をマネジメントする時間術

思っていたことが上手くいかなかったり、想定外のことが起きてしまうときは、どうしたらいいでしょうか。

変えられない過去にこだわるより、変えられる未来に目を向けること。繰り返しますが、時間は「過去↓現在↓未来」ではなく、「未来↓現在↓過去」と流れている。そう受け止めてみることです。

ここで、イメージしてみます。

いま、この瞬間は、1分後にはすでに「過去」である。

その1分先の「未来」も、1分後には「現在」であると。

このようにイメージすると、時間は「未来から現在、そして現在から過去へ流れている」と感じることができるはずです。

あなたが、「どの時点にリアリティを持つか」によって、心の状態を変えることができます。

未来にリアリティを持てれば、心は解放され、自由な状態になるのです。


時間の流れを逆流させることで、この先「こう在りたい」という姿や、「達成したい」と思うことを明確に思い浮かべることができ、楽になります。

未来のビジョンを鮮明に思い描き、確かなリアリティが感じられるほど強く思い描くと、ワクワク、ドキドキした感情が沸き起こってきます。

それが「未来の感情記憶」です。

イメージした未来に重ね合わせて、一直線に走っていける記憶です。

「時計の時間」でなく、「心の時間」で生きてみよう

時間とのつき合い方は、あなたの人生にとって重要なことの1つです。

時間に対する意識は、もちろん人ぞれぞれ違いますが、「時計の時間」とは別に「心の時間」というものを持ち得ているかどうかでも、大きな違いが生じます。

日常生活をルーティンワークとしてこなし、ただ淡々と過ごしている人たちにとって、時間とは「時計の時間」つまり時間の針が示す目に見える時間でしかなく、ただそれに従って生きているだけです。

時刻に縛られる「時計の時間」で1日中過ごすため、常にどこか不必要に忙しく、余裕なくあくせくと働くようになってしまいます。例えばオフィスで終業時間がくると、

「ああ、今日も1日終わってしまった」

と、何とかしたいと思いながら、変わりばえのない日々を繰り返すだけになってしまうのです。このように、ただ時間に追われてしまうだけなのはなぜか……。

答えは簡単です。「時計の時間」とは別に、「心の時間」を活用できていないからです。

「時計の時間」は、あなたの外側を流れている時間。あなたの事情がどうであれ、1秒、1

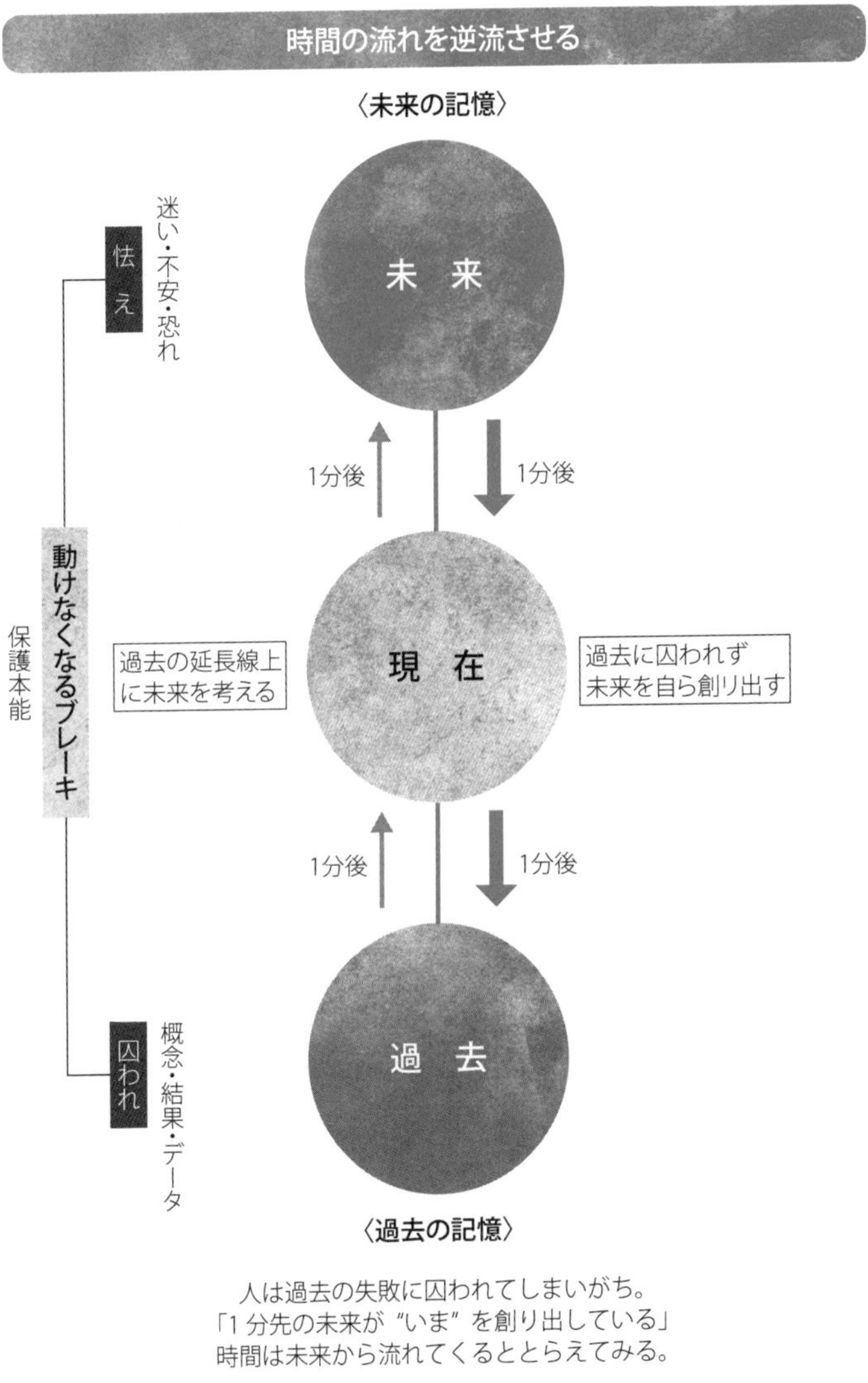
時間の流れを逆流させる
〈未来の記憶〉
未来
1分後
1分後
現在
1分後
1分後
過去
〈過去の記憶〉
怯え
迷い・不安・恐れ
動けなくなるブレーキ
保護本能
囚われ
概念・結果・データ
過去の延長線上に未来を考える
過去に囚われず未来を自ら創り出す
人は過去の失敗に囚われてしまいがち。
「1分先の未来が"いま"を創り出している」
時間は未来から流れてくるととらえてみる。

図8　時間の概念

分、1時間、24時間と、一定のルールのもとに時を刻み続けています。

生まれてから死ぬときまで、ずっと変わることなく動かしようもないもの。そのため「時計の時間」は、私たちに不自由さと無自覚なストレスを与え続けています。

では、「**心の時間**」とは何か。「心の時間」とは、あなたの内側に流れている時間。つまり、あなたの意識が刻む、あなたが生み出す時間です。

「心の時間」を活用するために、私は自宅の環境づくりに工夫をしています。部屋のあちらこちらに、時計を置き、探さなくても視界に入るようにしているのです。計の時間」を感じながら、**いつでも「心の時間」を確保するため**です。「時

自分のしたいことをするには、「時計の時間」の確認が必要です。やりたいことをしている間は、「あと何分は自由時間だ」と、常に「心の時間」と「時計の時間」とを擦り合わせをしているのです。つまり、「心の時間」を自由自在に拡げるために、現在の時刻を常に確認しつつ、自分の自由時間のフレーム（枠）をしっかり確保しているのです。「時計の時間」に管理されるのではなく、時刻を管理することで、「心の時間」を確保するイメージです。

社会生活では、「時計の時間」から逸脱した人生を送ることは、考えづらいのが現実。

しかし「時計の時間」の1日＝24時間というフレームを、「イマジネーション」を働かせることで伸び縮みさせることはできます。すると、時間の制約から自由になり、「時間は人生を楽しむため、いまこうしているときも未来からどんどんやって来る」と感じることで、自分にできることの可能性は無限に拡げられるようになります。

あなたの人生は時間でできている。そう言っても過言ではありません。

「いま」という時間をどう過ごすか。私たち人間は、それを未来から常に問われているのです。

大逆転のサクセスストーリーを自らの人生に巻き起こそう

具体的な例で説明してみましょう。

会社勤めのあなたが、ある朝、30分寝坊したとします。

このとき、どう考え、どう行動するかです。

「心の時間」で動く場合と、「時計の時間」で動く場合では、天と地ほどの差が生じます。

「時計の時間」で動く人は、朝寝坊をしたことで「今日は会社に遅刻してしまう、間に合わない」と考えます。でも本当にそうでしょうか。

そうとも限りません。「心の時間」で動けば、時間は伸び縮みさせることは可能なのです。

「心の時間」で動いている人は「間に合うかどうか」ではなく、「間に合ったら最高」という〝上機嫌モード〟にマインドをセットアップできます。

「なんとかしてみよう」という潜在能力が発揮されるのです。「今日は大逆転サクセスバージョン」でいこうと〝覚悟のギア〟が入れば、視点は自ずと引き上がります。

「朝寝坊しなかったら、こんなドラマチックな展開にはならなかったはず」

と、そこにはすでにゆとりと楽しむ気持ちさえ芽生えてきます。ドラマティックな展開が待ち構えていると思える。つまり、あなたはドラマの主人公であり、ドラマの中の自分が遅刻しそうな困難を乗り越えることができるかどうか、という、現実をドラマ仕立てにしてしまうことができるのです。

人生を1つのドラマやワンシーンとしてとらえる。するとどうでしょう。あなたは高い視点のマインド状態をセットアップできます。これが、**予期せぬハプニングから脱出し、大逆転のサクセスストーリーを自らの人生に巻き起こす〝心の業〟**です。

寝坊したことを反省したりする暇があるなら、リカバリーして感動してみましょう。そんな意識の切り替えが、ピンチをチャンスに変えてくれるのです。「**絶対無理……**」の**限界を超える瞬間にこそ、潜在能力は最大限に引き出される**からです。

〝心のギア〟を上機嫌モードに入れると不可能が可能になる

上手くいかなくなったとき、逆境の場面においてこそ、人は何をするかが試されます。

以前、私も出張に行く日の朝、本当に寝坊をしたことがありました。その日は、午前中の羽田発のフライト便で移動する予定でした。家を出る予定の時間に目が覚め、「まずい！」と思って飛び起きましたが、一瞬、もう一度横になってイメージしたのです。

「〝飛行機に間に合わないバージョン〟も笑えないけれど、〝間に合っちゃうバージョン〟はいいかもしれない」

そんなイメージが沸き起こった瞬間、私のマインドは〝上機嫌モード〟に切り替わり、「間に合わない？　間に合う？　ここはやっぱり〝間に合っちゃうバージョン〟が最高」と心が決まり、顔を洗い、服を着替えて家を飛び出しました。

こうなると一気にチャージアップして、自ずと「心の時間」にシフトします。そこまでで数分経過。意外にも冷静で動じない自分に、また面白さも感じてしまいます。そして、そこからがまさに奇跡の連続です。

家を出てまずタクシーを捜します。この〝サバイバルツアー〟に同行してくれる、私の救世主となる運転手さんはどこにいるのか……。タクシーを停めて、さっそく運転手さんに事情を説明しました。

「○時○分までに空港に着かないと、飛行機が飛んでしまうのです」

「えっ、それはちょっと……」

不安気に顔を曇らせましたが、

「大丈夫です、きっと間に合いますから」

と、とにかく車を出してもらいました。ここからはもう、運命のカギを握る運転手さんとの実践トレーニング。数分すると、

「いやー、これは珍しい。こんなことはない」

空港までの距離がグングン近づくにつれて、

「不思議なこともあるものだ。信号が全部青になるよ、全部、青だ……」

運転手さんの意識は切り替わり、空港までの走行をどこかで面白がるようになり、期待感さえ抱き始めます。最後には、

「もしかしたら、これ、ひょっとしていけるかもしれないね」

と言い出します。私も、

「ほら、言った通りでしょう。大丈夫ですよ。凄い！　着きますよ」

と言葉をかけました。それでも、

「次の交差点はいつも非常に混むところだからな」

と運転手が不安を口にすると、

「いつもは混むのですね、でも今日はスペシャルバージョンですね。ずっとスムーズにきてますものね」

と伝えました。すると、どうでしょう……。混雑もなく、本当に間に合ってしまったのです。そして、そのことに私以上に運転手さんのほうが興奮していました。

「運転手さんのお陰で、間に合いました。有難うございます！」

「いやぁー、驚いたな。凄いな、信じられないよ」

と運転した自分に感動しているようでした。

こうして、「飛行機に乗り遅れるバージョン」が、危機一髪の現実が、ドキドキを味わいつつ、感動的な奇跡の展開として私の窮地を救ってくれたのです。

乗り遅れるか間に合うか、という物理的なことではなく、「間に合ったらどんなに気持ちが踊るだろうか」と想像する。その未来の感情体験をもとに、そのためには「いま」自分が何を選択すべきなのか。「間に合ったら最高！」とハラハラするシーンを思い浮かべながら、「よし、飛行機に間に合うバージョン」でやってみようと「決意」することなのです。

もうそのときは、「飛行機に間に合う最高にツイている奇跡の主人公」になりきります。そう決めた瞬間から、潜在意識は動き始めるからです。

これが【マインドの法則】で奇跡を巻き起こす醍醐《だいご》味《み》です。

「時計の時間」に縛られない生き方を手に入れる

いまお話しした私の体験談は、角度を変えてみれば、時間に囚われない、「時計の時間」をズラしていく生き方ともいえます。「時計の時間」に縛られて生きる〝時間オンチ〟から、抜け出す生き方です。

「イマジネーション」を働かせ、「間に合った自分」を思い描くことで、沸き起こる体感。それが実際に未来を動かしていく。上手くいくか、いかないかではなく、「上手くいったらこんな気持ちになれる！」と想像するだけで、「心の時間」が内側に流れ始めるのです。

この意識のトレーニングを続けることで、どんなトラブルが起きても、それ自体に沈み込んでしまうということはなくなります。

なぜ、なくなるのか。それはトラブルが起きても、潜在能力が力を貸してくれるからです。

誰もがトレーニングで〝心の業〟の核となる「マインド・ビューポイント」「ｗａｎｔ」「イマジネーション」を同時に実践することで、まるで透明な螺旋階段を上がるようにして、潜在意識へのアプローチが無自覚にできるようになるのです。

もしあなたの周囲で、過去の失敗で力なく下を向いている人がいるのなら、

「いまはいま、未来は未来だから」

とその人の心の視点を引き上げ、シンプルに現実と未来を切り放してあげてみてください。

自分のチームの部下が、大事な仕事に失敗したならば、

「今回の失敗は、過去の自分の指導が原因だから、未来には絶対、挽回できるよ」

と受け止めてあげられるマインド、それこそが「リーダーシップマインド」です。

常にいましか見えていないマインドでは、未来を見ることはできません。いまだけを見ていることは、すでに過ぎ去った過去を見ていることと同義だからです。

何より「リーダーシップマインド」が発揮できるのは、1分先の未来です。「いま」に身を置きながら、意識だけは「未来」に向けておく。常に少し意識をずらしておく。このいまの現状から、少し先の未来を見通せる心の眼＝「マインド・ビューポイント」を持つことで、あなたは時間の囚われから一気に解放されるのです。

〝決断〟の瞬間に考え込むとチャンスはつかめない

人生で決断を迫られるとき、その意志決定ができるかどうかは死活問題です。

例えば、渡る丸太がなく、先に進めない断崖絶壁を前にして、ジャンプして飛べば飛べない距離ではないのに、怖くて躊躇《ちゅうちょ》してしまう。そういう人と、勇ましく飛び越えて反対側に渡れる人がいます。

この崖の手前で、飛ぶ瞬間に考え込んで立ち止まってしまう人と、飛ぶ手前から加速して

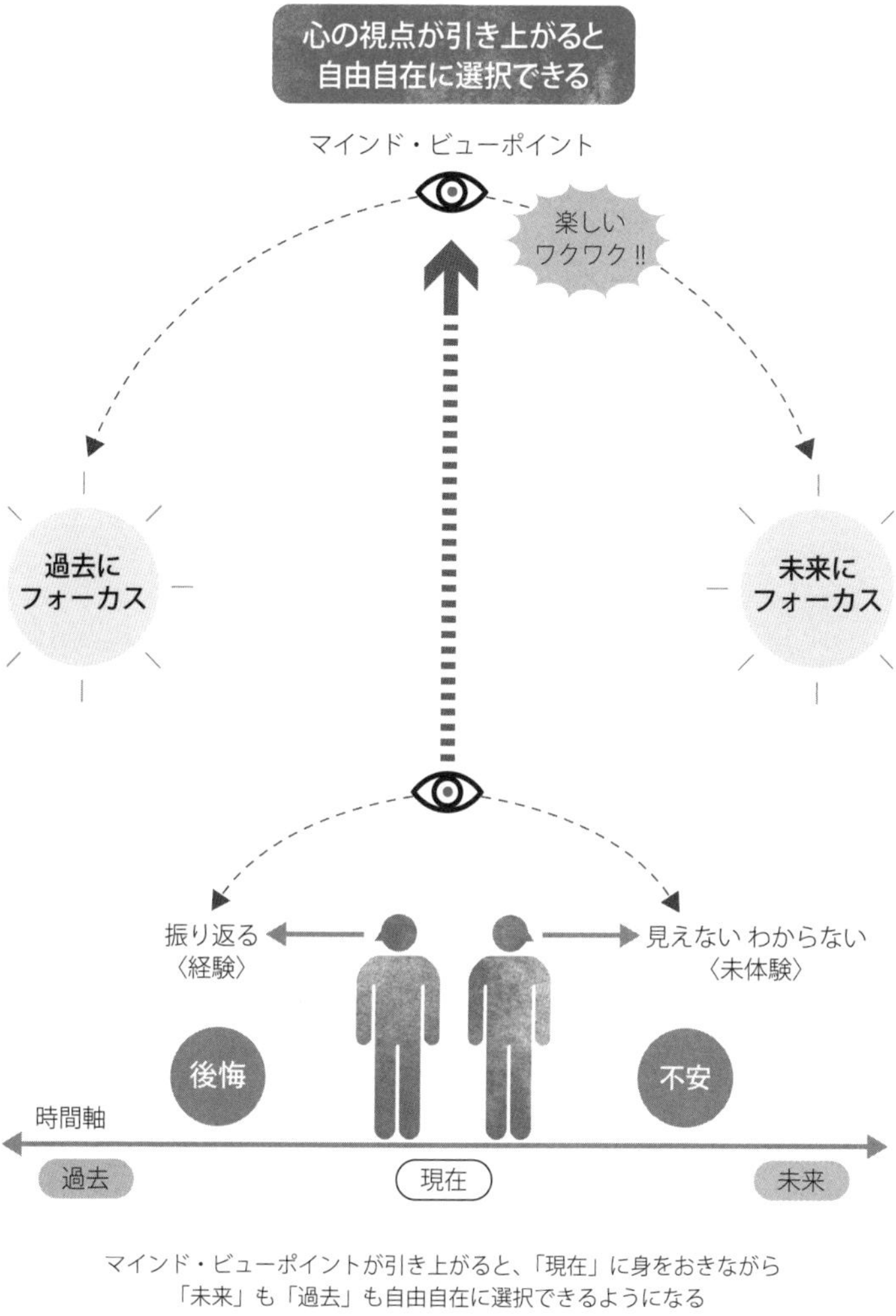

マインド・ビューポイントが引き上がると、「現在」に身をおきながら
「未来」も「過去」も自由自在に選択できるようになる

図9　時間は未来から現在に流れている、とイメージする

向こう側に飛び込もうと決めた人との、違いは何でしょうか。

飛ぶ気のある人は、ジャンプするかなり手前から加速します。迷い、ブレは一切なく、あるのは「やる」と決めた勇気だけ。

世の中のどの分野においても、〝大物〟と呼ばれる人たちは皆、究極の瞬間に勇ましく、むしろ喜んで飛び越えようと加速して走り込む人たちなのです。

崖の手前で考え込んでしまう人は、そうした飛ぶ人の生きるリズムについていけません。それでは、**飛べる人とつながることは難しい**です。

飛ぶ意志も勇気もない人は、そうしたスケール感の大きな大物とは、たとえ出逢ってもつながりようがないのです。いい仕事ができるかどうか、ヒットを生めるかどうかも、究極的にはすべての「飛べるかどうか」の一瞬に関わってきます。

「いま」に負けて「未来」に勝つ「ヒットの法則」

「明日、会社で企画会議があるならば、誰にも理解されないような企画を1つ、出してみるのはどうでしょうか」

私はいつも、トレーニングの参加者にはそのように叱咤激励しています。

猛反対されるような企画を次々出し続けるのです。1つのトレーニングとしても推奨しています。その企画がそのときその場で決まらなくても、もちろんいい。目指すは、皆が頭で理解できないほどのスケールの大きい企画を提案すること。なぜそんなことをあえて提案するのか。理解される思考回路ではなく、理解できない「感じる回路」につながる企画でないと、ヒットにはつながりにくいからです。

誰もがわからないからこそ、斬新で新奇性がある。すでに世にあるもののアレンジでは、そこそこのヒットは生み出せても、大ヒットにはつながりません。

アイデアも、生き方も、潜在意識を大いに活用して、「なんだかわからないけど凄い」ことを目指すことです。そして、「わかりやすさ＝すでにあるもの」を好む周囲に融合しようとせず、せっかく高まったマインドを引き下げたりしないことです。

いまがどうであれ、未来は誰にもわからない。その可能性を信じ続けることです。その想いが、最終的にはあなたの未来の財産になるのです。

心の視点の高まったマインドならば、「この企画はわかる人たちとやればいいのだ」と受け止められます。その企画をいまのあなた以上に「面白い」と言ってくれる人は未来に必ず現われます。「捨てる神あれば、拾う神あり」。その瞬間を楽しみにして生きると、恐いものはまた1つなくなります。

「我がまま」に生きる勇気を持つ

「我がままなことを言うな。自分一人で生きているのではない」

日本では子供の頃からこうして、我を抑え込む教育をされています。

実は、【マインドの法則】から見ると、ここにも大きな問題が潜んでいます。「我がままを言うな」とは、「いいからこちらの言うことを聞け、困らせないでくれ」という、許容のなさが根底にはあります。

「我《が》」があるから、人は自分という「個」の存在を確固たるものとして感じることができます。「我がまま」を嫌うのは相手のほうです。「我がまま」を受け入れるキャパシティさえあれば、我がままさえも愛することができます。

「我がまま」とは、「素のまま」。

「在りのまま」ということ。

「在りのまま」の自分をちゃんと愛すること。我を抑えると、「個」の存在自体が希薄になってしまいます。自分の存在が希薄になった人間が増えれば、他者との人間関係はますます希薄になり、抑え込まれた「我」はいつか暴れ出します。

私は研修生や塾生に向けて、「もっと我がままに生きたらいい」と伝えます。「我がまま」は「我のまま」＝「在るがまま」であり、「素のまま」。素直に生きるということ。けれど「在るがままに生きること」の難しさは、大人になるにつれ、嫌というほど思い知らされます。

自分に素直になれない人間は、他人に対しても素直になれません。まっすぐに相手と向き合うことが難しくなります。

自分に素直でなければ、当然、外部に対して偽《いつわ》るしかない。偽りたいからではなく、それ以外に術《すべ》がないから偽る。すると、「こうすべき」「こう在るべき」という矛盾の仮面を被ったまま、生きることになります。

無自覚に被った仮面を外すことができずに、いつしか「自分は何者であるのか」さえわからなくなっていく。自分のことがわからなくなった人間に、他人のことなど理解できるでしょうか。無自覚に生まれた他人と自分の境界は、やがて「孤立」を生み、人間関係の悩みを量産するだけです。

「人のことをもっと考えなさい」

「もっと他人に気をつかいなさい」

そう言われ、真に他人のことを大切にできる人間とは、やはり自分のことを大切にしている人間なのです。自分のことが大切だからこそ、他人も大切にできる。それは大切にする価値を実体験として、頭ではなく体感として知っているからです。

自らを大切に扱うことで、心がどう喜び、どう元気になるのか。その感情を体感できている。だからこそ相手の想い［ｗａｎｔ］を［イマジネーション］でき、次元の高いコミュニケーションがとれるのです。人に気をつかうのではなく、相手のしてほしいことが見えて、それを実行できる。そこには迷いも力みもありません。平常心で他人を「自分事」のように感じられる自分がいるだけです。

いい人になろうとすると「どうでもいい人」になってしまう

社会が求める「いい人」とは、どういう人か。

「いい人」をイメージしたとき、どんな人物像が浮かび上がりますか。
ともすると他人の顔色を常に伺っているような、遠慮がちな人のイメージが、浮かんできませんか。「いい人」と呼ばれる人には、「いい人でいたい人」、あるいは自分が「いい人になりたい人」、つまり他人に気をつかっているようで、実は自分に人一倍気をつかっている人が多いのです。

真に「いい人」とは、自らいい人になろうと頑張ったりしないでしょう。いい人を目指すことも、「いい人の仮面」を被る必要もない。何かを隠して自分を「いい人」に見せる必要がないからです。素のまま、在りのままの自分で充分なのです。

「いい人」になろうとすることで危険なのは、意識的であろうとなかろうと、自分以外の誰かの都合で生きることになることです。それは、自分軸ではなく、他人軸の人生の始まりでもあります。

「我」を抑え込む教育によって、心の根幹となる自分軸を根こそぎ引き抜かれたら、行く末は他人軸で動く人間となるしかありません。すると、他人軸の人間は自分以外の人間の軸をやりずらさとして感じてしまいます。

逆に自分軸を大切にする人間は、他人の軸も大切にします。「他人事」を「自分事」のように感じ、大切に扱えます。それは、存在するすべてのものを〝愛する〟在り方につながっています。

自分の軸を持っているかどうか。

日々、自分軸を大切に感じているかどうか。

自分軸とは、心の根っ子の部分。これから先のあなたの人生を、何十倍にも何百倍にも実らせてくれる大事な根です。その自分の大切な根っ子が折れそうで弱っているようならば、今日からでも遅くはないので、不要なものはすべてカットし、育て上げていくことです。あなたがそこにフォーカスすることそのものが、根にとっては養分となります。

これまでの自分、「いま」までの自分が創り上げた根っ子は、果たして在りたいあなた自身のビジョンにつながっているでしょうか。

この先の自分。未来の自分。いまの自分が過去に受けた教育や経験により創られたものであることに気がつけば、いつからでも人生を自らのマインドの在り方で変えていけます。

覚悟は決めるものでなく、決まるもの

教育とは、本来は「教える」という意味ではありませんでした。その人が、いざという瞬間に、やりたいことを実現させられるよう、人間力を創り上げることだったはずです。

では教育とは誰のためのものでしょうか。世間には、教える側に都合のいい教育ばかりがまかり通っているようにも感じることがあります。真の教育とは、一人ひとりが人生で起きる事象に対し、本来持っている潜在的な力を引き出して、対処していくことを自らできるようにすることだと、私は思っています。

教育において何より大切なのは、起こりうる未来の出来事に対して、すべて自分の力で突破できるマインドを創り上げること。「そんな凄い力を自分は潜在的に持っているのだ」ということを、体験として一人ひとりがつかみ取ること。それが教育現場には重要だと強く感じます。どれほど知識やスキルを頭、顕在意識で身につけても、やはり大切なのは自らの潜在的な力にフォーカスし、自分以上に頼りになるものはないと体感に落とし込むことです。

体感トレーニングによって心の階層が高層域に達すれば、外的動機ではなく、内的動機に

より〝覚悟のギア〟は自ずと入ります。「覚悟が決まらない」のは、心の視点が上がりきっていないから。性格のせいでも能力のせいでもないのです。問題が起きてから「さあ、覚悟を決めなくては」とするため、怖くなって逃げたくなるのです。

覚悟の周辺には、我慢や迷い、不安といった一切のネガティブな感情などは存在しません。覚悟とは決めようとしなくても、自ずと決まっていくものなのです。

それが人間の無自覚な潜在意識の働き、つまり【マインドの法則】の活用による効果でもあるのです。

覚悟が決まると、壁は越えられる

メンタルブロックがかかっていると、人は変化を拒《こば》もうとします。

ブロックされた内側にいれば、できることだけに囲まれて、慣れ親しんだ自分でいられるからです。「わかっている範囲」、そして「やれる範囲」を自分が把握できている安心感が、そこにはあるのです。

自分の内側に「無理」「不安」といった感情が生まれる瞬間、「えいっ！」とブロックの壁を越えられるかどうか。

「躊躇」という状態は、まさにそのせめぎ合いの瞬間なのです。自分の心の壁を飛び越えることを恐れないマインドは、飛び越えたその先をちゃんとイメージできています。だから恐れることなく勢いよく飛び出せるのです。

沸き起こる恐れや不安を受け止めつつ、その先の未来を「イマジネーション」できていれば、潜在意識に在る「ｗａｎｔ」のエネルギーによって、壁を飛び越えることができます。

目に見えないフレーム、〝心の壁〟を超え、ブロックの外側に飛び出すための最高のギア「覚悟」がそこにあるかないかだけなのです。

現在の延長線上に「未来」を思い描かない

多くの人は、失敗を「後退」と思い込む傾向があります。けれど、それは大きな間違いです。

失敗を恐れ、何かする前に逃げること、それが「後退」、「退化」です。大切なことは、メンタルブロックの外側に生きること。成し遂げたい何かを見出し、いつも不確かな何かを探求していく。それこそがあなたの生きがいを生み出し、やりがいを生み出すのではないでしょうか。

できる範囲内のことばかり続けていれば、誰もがいずれは生きる意味さえ見失っていく。それは自分の潜在能力をみくびっているのです。多くの場合、自分が理解していること、知っていることの枠組みの中だけで対応してしまいがち。真の「リーダーシップマインド」を持つならば、そうした自分のフレームを取り払い、これまでの経験では計り知れないスケールにまで「イマジネーション」を拡げ、主体的に感じ取ることです。

チャレンジするかどうかの前に、まずチャレンジすることを拒む自分がいることを、自覚してください。

何度も繰り返しお伝えしますが、逃げるのはあなたの性格や才能の問題ではなく、無意識にかかるメンタルブロックの仕業。そのことにあなた自身の日常において気づくことです。そのブロックを突き破ることができれば、あなたは飛躍的に振り幅を拡げ進化できるのです。

そして、そのために「過去」、そして「現在」の延長線上に、あなたの「未来」を決して思い描かないことです。

「昨日はこうだったから、きっと今日も大丈夫だ」

メンタルブロックがかかっていると…
joker
フレームの内側で動けなくなる
メンタルブロックが外れると…
K
フレームを取り払い、自由になる

図10　メンタルブロックが外れる

そんな小さな過去の積み上げでできた自信は、あなたの未来においては何の役にも立ちません。**あなたの人生にとって必要なのはただ、未来へ向かう、「根拠なき自信」だけです。**

我慢がいらない『マインドダイエット』

私の著書『潜在意識で体は変わる マインドダイエット』では、「なりきりワーク」や「心のルートをたどるワーク」といった、マインドセットアップのためのワーク、視点を高く引き上げていく様々なワークを紹介しています。

ダイエットひとつを例にとっても、マインドの在り方を変えなければ、どんなにカロリー計算をしても、ジムへ通って運動しても、痩《や》せることは難しいという現実があるからです。

『マインドダイエット』でお伝えしたワークを実践してくれた読者の方々から、

「12キロの減量に成功した」

「体脂肪が減り、筋肉量がアップしました」

と、喜びの声が届きました。

「AカップがCカップになった」と報告をしてくれた女性たちもいます。

ワークを行なうだけで、なぜこうして目に見える変化を起こすダイエットができるのか。それは『マインドダイエット』が、心と脳の働きである【マインドの法則】によって、人間の潜在意識にアプローチし、狙い通りの効果を引き出すためのマインドプロセスを伝えているからです。

複数のワークで、実際に自分で書き出したり、読み上げるという行為を続けていくだけで、脳は「ダイエットを実行するぞ」と指令を全身に出し、働き始めるのです。

「痩せた自分」という理想像を思い描き、想いを紙に書き出すことで、脳の働きに変化が生じてきます。ワークに沿って書くという行為を続けると、様々なことが意識化され、明確化されるのです。すると、それがビジョンとなって、変化を望む潜在意識が動き始めます。行動や生活パターンが理想の自分像になるよう、自ずと軌道修正がされます。そのため、リバウンドすら起きないのです。

何より『マインドダイエット』は、潜在意識に直にアプローチするので、食事やカロリーの制限、無理な運動などは必要ありません。我慢することなく楽に結果を出せるメソッドです。

敵は自らの内にある無自覚なネガティブイメージ

「人生を変えたい」と願う人はたくさんいます。

でもそこには2つのパターンがあります。「本気で変わるつもりのある人」と、「本当は変わるつもりのない人」です。口では「変わりたい」と言うけれども、いざとなると「変わるつもりはない」と変化を拒む。それはある種の人間の本能的な習性でもあります。

「痩せたい」という願望を持つ人は、「太っている」状態をキープする習慣がやめられずいるだけです。「痩せてしまうこと」で失うことも、実はあるからです。そのために、「本当に痩せる」という覚悟のギアが入らず、「痩せる」ことへの不安ばかりが勝っています。

しかし、いったん覚悟のギアが入ると、潜在意識にアクセスされます。そうでないと、怠《たい》惰《だ》な生活とは縁を切れません。ダラダラと過ごす怠惰な生活ができなくなるのが、困る自分がいるからです。

私のマインド塾の参加者の一人であるBさんは、私の著書の通りに実践して、3か月で12キロの減量に成功しました。それまでは、加圧トレーニングを試したり、脂肪吸引に行くか

どうかまで悩んでいたのですが、どれも減量には至らなかったのです。ところが『マインドダイエット』を読んで、

「自分はこれまで本当に痩せるつもりがなかった。いまのままではまずいと思いながら、どこかで逃げていた。本当に痩せるのだ！　という覚悟がなかったのです」

と、気づいたのです。

「本当に痩せられるのだろうか」→「痩せる気がしない」→「痩せることができなかったら最低だ」。そしてダイエットに失敗し、気持ちのうえで「いまよりも最悪な自分に成り下がりたくない」という想いが無意識にあったのです。それが本当に痩せようという覚悟を阻んでいたのです。

「いままでダイエットにお金も時間もたくさん費やしてきた。それなのに一向に痩せられなかった。本を読んだだけで痩せられるわけがない」

と最初は乗り気でなかったBさんは、やがてそうしたネガティブイメージから、

「痩せた自分を見てみたい。そう思うとダイエットすることが辛くなくなって、不思議とワクワクしてきました。気持ちをあらためて本気でやってみようと思えるようになりました」

と言います。そして覚悟を決め、ワークを実践したのです。

無意識が痩せることを阻んでいる

『マインドダイエット』で私が提唱しているポリシーは、本書の第2章でお伝えした「マインドを〝上機嫌モード〟にセットアップするトレーニング」に基づいています。

それは、通常のダイエットとは真逆で、

「自分が嫌がることは一切やらない」

「自分の心が喜ぶことだけをやる」

というポリシーです。そのため、「鏡を見てはいけない」「サイズを測ってはいけない」「体重計には乗らない」など、ユニークなメソッドが満載なのです。

『マインドダイエット』は、一人ひとりを縛っている「痩せられない意識」を一掃して、無自覚なメンタルブロックを外してしまいます。そのためダイエットの「苦しい」「辛い」「大変」「食欲との闘い」というイメージが、とても楽にできるイメージへと変わります。

食べたいものを食べないように我慢しても、痩せることはできません。けれど、食べたいものを食べ続ければ当然、太り続けます。ダイエットを成功させるために重要なこととは、マインドの在り方を変えること。それがコツです。

表層的な自分の行動を変えようとするのではなく、90％以上の潜在意識という「無自覚な自分」にアプローチして、変化を起こさせるのです。

変化を拒むのは無自覚なメンタルブロックの仕業

「変わりたくない」という、自分の潜在意識にあるブロックが、変化を拒んでいるだけ。それは例えば、

「【マインドの法則】は果たしてどれほど効果があるのだろうか」
「本に書いてある通りにして、はたして自分の心の視点は本当に上がるのだろうか」
といった疑問になって現われます。

【マインドの法則】を実践することの価値と、それを実践する人の価値は、別次元のものです。いくら効き目の確かな薬でも、扱いを誤ったり、正しい方法で処方しなければ効果は出ません。どれほど価値があるのかと疑問に思う前に、自らがその価値に対してどう対峙するか、何を得られるかを本気でイメージし、自らと向き合うことが大切なのです。

心の階層を引き上げるのも、引き下げるのも、すべては自分のマインド次第。私はただ、

そのベストオブベストを探求し、道筋を示しているだけです。

あなたの「変わりたい！」と本心から思える［ｗａｎｔ］こそが、ベストを達成させるための必要不可欠なものです。だから私とすべてのクライアントは運命共同体なのです。

自分で発信する［ｗａｎｔ］がなければ、人はどこか他人まかせになるでしょう。他人まかせでは、メンタルトレーニングを始めたとしても、課題に対して、

「いまはちょっと忙しいのでできません。次回までになんとかやろうと思います」

と、逃げてばかりで、自分自身に向き合おうとはしません。

［ｗａｎｔ］という発信がないと、トレーニングを始める前から、「本当に変われるのだろうか」という疑心暗鬼に陥り、不安を訴えるだけです。それは病院に治療のために訪れたのに、いざ手術をする段階で「手術までするつもりはない」「忙しいので来月に延期できないか」となるのと同じことです。

「いますぐにでも人生を変えたい」と口にしながら、いざ変わろうとすると躊躇してしまう。

「心の準備がまだできていません」ということこそが、まさに**無自覚なメンタルブロックの仕業**なのです。

子供の潜在能力は、どのように引き出せばいいか

近年はお母さんに連れられて、子供たちも私のもとにメンタルトレーニングに訪れるようになりました。子供というのは、大人と比べて変わり方が格段に早く、たった1日で別人のように意識が塗り変わります。

小学4年生の男の子C君が、母親に連れられてやって来たことがあります。

C君は両親が手に余るほどの暴れん坊で、学校では友達に意地悪ばかりするということでした。最初は私と目を合わせようとはしませんでしたが、だんだんと無自覚な本音を感じたようで、トレーニングをすることで、劇的な変化が訪れました。

C君が抱えている「どうにもならない感情」に向き合い続け、まだ言語化できない願望に寄り添っていきました。すると、やがて彼はとても素直に本音を話してくれたのです。

子供たちが抱えているものの1つに、「親の言う通りにできない自分」への葛藤《かっとう》があります。言動とは裏腹に、「言うことを聞かないダメな自分を、親は受け入れてくれない」と思い込んでいるのです。本当は、自分の本心の秘密を打ち明けたくて仕方ないのです。

その少年は、「自分の感情を抑えられない」と、本当のことを話してくれました。「感情を

抑えきれず、自分でもどうなってしまうのかわからなくなってしまう。自分でも怖い」と、本音を話してくれたのです。彼の内側にあったのは「恐怖心」という感情でした。

けれど、その自分の気持ちに彼自身が気づけたことで、次第に暴れ出す自らの感情をコントロールできるようになっていったのです。

少年は、あっという間にいじめっ子から、クラスの人気者になりました。

「子供の叱り方がわからない」と悩む親御さんは多いですが、子供のことを大切に思うあまり、子供の失敗をきつくとがめてしまいがちです。けれど親にできる子供への最大のサポートは「子供がやってしまったこと」ではなく、「これから何をするか」という未来への、新たな視点を創り出してあげることです。

そうすることで、たとえいまがどんな状況にあっても、必ず未来の可能性を見出すことができます。そして、それ自体が大人への成長を促すことができるのです。

子育ては最強のメンタルトレーニングになる

親というものは、子供に対してまるで「判」で押したように、

「いい子になりなさい」

「人から好かれるようになりなさい」

と説き伏せます。しかしこれらはすべて、子供には**逆の意味に伝わってしまいがちです。**

「あなたはいい子ではないのだから、いい子にならなければならない」

「あなたは人から好かれていないから、好かれなければならない」

ということが前提となってしまい、その子のイメージを「自分は悪い子だ」「自分は人に嫌われている」と言い聞かせるようなことになってしまうのです。

「こんなはずではなかったのに……」と、子育てに疲弊して私のメンタルルームを訪れてくる親御さんはいま、とても多くいます。子供の潜在能力を引き出すのが親の役割なのに、真逆になっているのが現実です。

「もうすでにすんでしまったこと」は過去です。親として必要なことは、まだ実現されてない未来に意識を向けることです。子供の成長を望んでも、潜在意識で成長を疑っていてはだめです。どこかで信じられていない自分がいると、いくら望んでも無駄になります。すべて子供に見抜かれ、伝染するからです。

世界中の誰もが信じていなくても、親だけは子供を信じ続けてあげることが、何よりも重要なこと。そのためにはまず「勇気の創り方」を学び、そこから始めること。本当は、子供の問題ではなく、親の問題であったと気づくことです。心底、子供の可能性を信じてあげられなかったのは、親である自分の幼少期の記憶、体験に関係があったと気づくことです。

こうしたことに気づくことで、親は心の底から、内側から勇ましい「愛」を溢れさせることができます。その愛によって、子供ができないことも、言うことを聞かないことも、子供のすべての「我《が》」を、在りのままに受け止めてあげられる親になれます。

それが親自身の信じる勇気であり、役割でもあります。

親にとって子供は、一番大切で一番近しい他人。だからこそ自らの厄介な自意識のコントロールが必要なのです。親としては、子供との関係に問題を抱えているならば、子育てを通して自分が成長するチャンスだととらえてみることです。それは、親としての潜在能力を引き出すチャンスでもあるのです。

まずは親である自分のマインドを鍛える。子育てを通して成長するのは親の務めでもあり、マインド力アップの最高のトレーニングにもなります。そう受け止めてみることで、親子関係のパラダイムシフトを起こすことが可能となるのです。

直感を高める体感トレーニング

ランチワーク

■ランチワーク1

外食に出掛けるたびに、メニューの中から

「今日のランチはこれだ！　と10秒で決める」

というワークを日々の中で行なってみましょう。

外食のときだけでもいいので続けて行なうことがより効果的です。

［解説］ これは腹筋などのトレーニングと同じ理屈で、気軽にどこででも、毎日できるワークです。最初はまったく働かなかった直感も、鍛えれば必ず素早く働くようになります。ピンとくる「何か」が生まれ始めたら、それがあなた自身の〝第六感〟です。

■ランチワーク2

ランチに行くとき、**お店の人をもっと元気にするように**、次の言葉（セリフ1〜6）を伝えてみてください。会話の中に折りまぜるなどして、セリフすべてを使うつもりでトライしてみてください。

〈セリフ〉

1　こんなにおいしい○○は初めて食べました
2　おいしくて、びっくりしました
3　この料理がとても好きです。おいしかったです。特に○○が最高でした
4　また、あなたに会いに来ますね
5　このお店、気に入りました
6　ごちそうさまでした

【解説】あなたは、どのセリフを言えましたか？　複数のセリフを言えましたか？　セリフごとに得点があります。言うことが難しいものほど高い得点ですので、参考にしてください。複数のセリフを言えた場合は、得点を加算してください。

【得点】

1　こんなにおいしい○○は初めて食べました（6点）
2　おいしくて、びっくりしました（4点）
3　この料理がとても好きです。おいしかったです。特に○○が最高でした（8点）
4　また、あなたに会いに来ますね（10点）
5　このお店、気に入りました（3点）
6　ごちそうさまでした（0点）

セリフを相手に伝えたとき、相手の反応はどうだったでしょうか。言おうと思っても言えなかった場合は、ブロックがかかっているからです。

「お店の人をもっと元気にするように」という課題を、何がなんでもクリアするという意志があったかどうか、あらためて自分に問うのもいいでしょう。

本番で緊張するのは当たり前のこと。本番で100％の力を出せる人は、日頃から120％、150％のパワーを出している人です。このワークには実は4つのハードルが隠されています。

ハードル①　一人で食事に行く

ハードル②　お店の人と会話をする
ハードル③　課題のセリフを口に出す
ハードル④　相手が元気になったかどうか反応を見る

この4つのハードルを越えるためには、緊張することでかかるブロックをまず外すことが必要です。

「恥ずかしい」「自分のことをどう思われるだろうか」と危惧《きぐ》する人は、表層的なことに囚われています。それは、自分のためにも他人のためにもなりません。まずは自分へのこだわり、つまり自意識を捨て、「人を元気にする」と意志決定をすることです。

「こんなセリフを言うと、変に思われるのではないか」という危惧から、どのセリフも伝えられなかった人は、自意識過剰に陥ってるということ。自意識が外れたとき、はじめて「相手に伝えたい」という気持ちが「相手に伝わる」という確信に切り替わります。

どうやって伝えたらより感動的になるか。同じ台詞でも言い回し、込める気持ちによって、何百通りも表現方法が生まれてくるはずです。

人を元気にすると、自分も元気になるものです。日々の中でも、

「今日のベストが〝いま〟この瞬間に出せないなら、いつ出すのか。より一層のベストを、

どのタイミングで出すつもりでいるのか」
と自分に常に問いかける習慣をつけてみるのは、どうでしょうか。人生に起こるすべてのことから逃げずに、「自分事」としてとらえるのです。その連続があなたのこの先の人生をよりよいものへと創り上げていくのです。

1年先の自分を創り出す〝時間術〟

〝時間に使われる側〟ではなく、〝時間を使う側〟になれば、あなたの時間というのは無限に生み出すことができます。

【時間をマネジメントするための、72時間・時間術の3つのステップ】

① 24時間のフレームを外す

まず最初は、［1日＝24時間］を1フレームとして考えるのではなく、［3日＝72時間で］1フレームととらえてみましょう。するとこれまで窮屈に感じていた時間の概念から、自由になれます。その結果、「やりたいこと」を何ひとつ諦める必要がなくなるのです。

② 自分のための「時間軸」を創る

自分にとって都合のいい時間の感覚を、新しく創るのです。例えば、リミットがあって「もう○時間しかない」と感じるときも、「まだ○時間ある」ととらえられる感覚を磨くのです。「やりたいことを全部やる」意識が出てくれば、自然とあなたの潜在意識に自らアクセスできるようになります。

③ 目指す未来をたぐり寄せる

目指す未来に向かって一直線に走っていくため、未来のビジョンを創り出します。まだ実現していないことでも、「必ず○○になる」と強く心に思い描くことで体感を創り出し、なりたい未来を自分にたぐり寄せるのです。

以上の3つのステップを踏むことで、「過去」から「現在」、「未来」へという時間の流れから、「未来」から「現在」、「過去」へ、と時間が逆向きに流れてくるイメージを持てるようになります。

時間は常に「未来」からやって来るようになり、「現在」のあなたのもとにやって来ます。

この感覚を磨きましょう。

磨いていくと、「こうなりたい」という「未来」が先に確定するため、そのビジョンに沿って「現在」を生きられるようになります。目指す未来が、自然に向こうからやって来るようになるのです。「まだ起きていないこと」「できていないこと」も、「起きたこと」「できたこと」として、あなたの中で認識されるようになります。

自分の人生の時間ですから、誰にも支配されることなく、自分のやりたいことに好きなだけ時間を使う。そんな毎日を過ごすことが誰にでもできるのです。

「いや、そんなことできるわけがない」

「私には無理」

そう思ったあなたは、強烈なメンタルブロックがかかってしまっていると認識すべきです。

この3つのステップによって、過去・現在・未来が並列に並ぶ感覚になり、やがて時間が過去からではなく、未来から流れる……、いわば時間の逆流が起こります。

なりたい未来に向かって一直線に進めるようになる。やがて「時間に追われなくなる」だけではなく、「自分の時間をマネジメントできる」ようになれるのです。

未来ビジョンの体感トレーニング
〔want〕を探るワーク

ここであなたに質問を投げかけます。あなたはそれに答えていくだけで、時間に対する思い込みから自由になり、自分の本当の〔want〕と出逢い、「こうしたい」「こう在りたい」という未来のビジョンを浮き彫りにすることができるようになります。

問1） 自分を縛りつけている過去について、書き出してみましょう。

「辛かったこと」や「失敗したこと」にのみ、フォーカスして書き出しがちですが、「楽しかったこと」や「上手くいったこと」も、書き出してみてください。実は「楽しかったこと」や「上手くいったこと」が、あなたを一定のフレーム内に抑え込んでいる可能性もあるからです。

それらを合わせて書き出してみてください。

問2） 最近、時間的な理由で「諦《あきら》めてしまったこと」は、ありませんか？
思いつくままに、いくつでも書き出してみてください。

ステップ1　まず、「諦めてしまったこと」のエピソードをあげてください。

ステップ2　そのとき感じたことは何でしたか。どんなことでしたか。

ステップ3　いま、感じていることは何ですか。

ステップ4　未来、そのためにあなたは「いま」何をしますか。

問3）ステップ1〜4について思いつくあなた自身のエピソードなどを挙げてみてください。

A「時間がないから」と〝やりたいこと〟を諦めてきたこと。

B「忙しかったから」を準備不足やミス、遅刻の言い訳に使ったこと。

C「もう○歳だから」と年齢を理由に断念したこと。

第4章

プロフェッショナルマインド

会った瞬間に特別な人になれるマインド

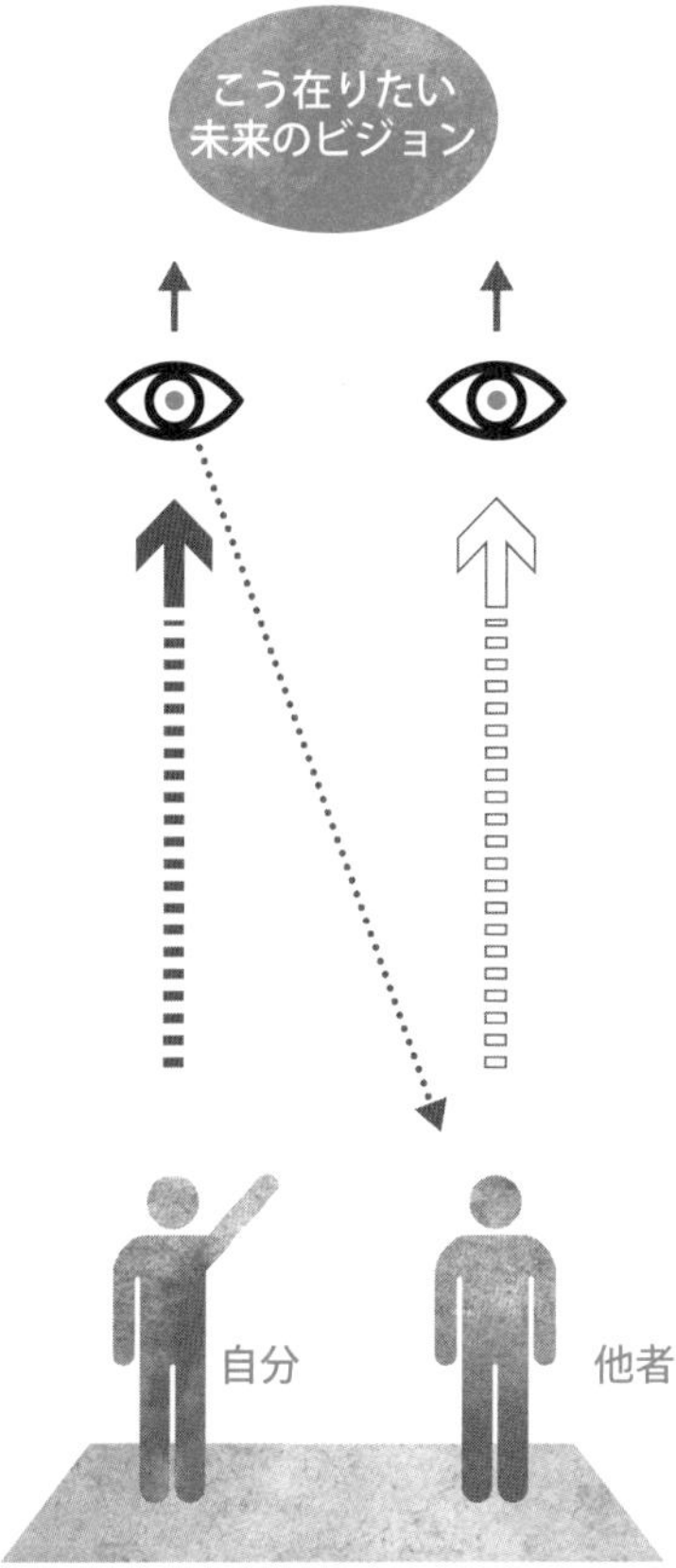

相手の潜在意識を動かす

期待以上の成果を生み出すマインドを手に入れる

第3章の「リーダーシップマインド」を体得すると、次は第4段階の「プロフェッショナルマインド」です。

さらに一段高い心の階層を目指します。

本書でいう「プロフェッショナル」とは、出会った瞬間から特別な何か「＋αの価値」、感動を与えられる人を指します。

例えば、メンタルトレーニングであれば、はじめて訪れたクライアントの無意識の領域に触れることができる人です。クライアントがまだ言葉にできていない無自覚な想いを、言語化できる人です。出会った瞬間から、相手にとって特別な人になれるのが、「プロフェッショナルマインド」の持ち主といえます。

これまでのトレーニングで、第1段階（マインドチェック）、第2段階（マインドセットアップ）、第3段階（リーダーシップマインド）とマインドを鍛え上げ、その上ではじめてチャレンジできるのが、この第4段階の心の階層です。

あなたの心をこの階層まで引き上げることができれば、何事も期待値以上の成果をさらりと生み出せるようになります。

例えば、あなたが花屋さんで花を買おうとしたとき、どんな花を求めているのか、感じ取ろうとしてくれる店員がいたとします。求めている花を言葉を介さずに差し出されたら、「この店員は凄い！」と驚くでしょう。これが「プロフェッショナルマインド」の持ち主です。

通常なら、「どんなお花をお探しですか？」と接客してくるはず。その時点で店員は、ノーアイデアです。相手の求めるモノを提供すればよいとだけ思っている。言葉や態度では、親切に接客はしていても、お客の未来のビジョンを思い描こうとはしていません。何の花を買おうとそれはお客次第。お客が何を選ぶかに対して無関心なのです。

これでは、不親切。お客と会話する前から、その人に「ｗａｎｔ」で関わる。それがプロフェッショナルマインドの持ち主です。「どんな花を求めているのだろうか」と「イマジネーション」し、相手の未来のビジョンを思い描き、「これはどうでしょうか」と差し出す。相手の言葉を待たずして、潜在意識にある願望、ビジョンを共有できていれば、こういった振る舞いができるのです。

そのためには目に見えない情報を瞬時にキャッチする「**感じる力＝インプット**」と、鋭敏なパフォーマンスで勇ましく物事を「**実行する力＝アウトプット**」が同時に必要です。そして、この2つの潜在的な力が相互に発揮し合うことで、一段上のパフォーマンスを実現できるのです。相手の意識を〝スーパー・マインドビューポイント〟で達観視することで、心の視点は自ずとまた一段上に引き上がっていくのです。

無自覚にかかるブロックを痛感する

「プロフェッショナルマインド」には、共通点があります。

それは**絶対に諦めないこと**。打者としてバッターボックスに入り、打てなかったからといって「次の打席はやめます」という野球選手はいません。ところが、ビジネスの場面では、一度や二度の失敗でも、いとも簡単にやめてしまうケースが多く見受けられます。

「やりがい」を見出すために会社で働いているというのでは、アマチュアのマインド。スポーツのプロで、日々「やりがいが見つからない」という選手はいません。プロフェッショナルは、本番で結果が出せるかどうか、そのためにいま何ができるのか。そこだけを追求し続けているのがプロです。

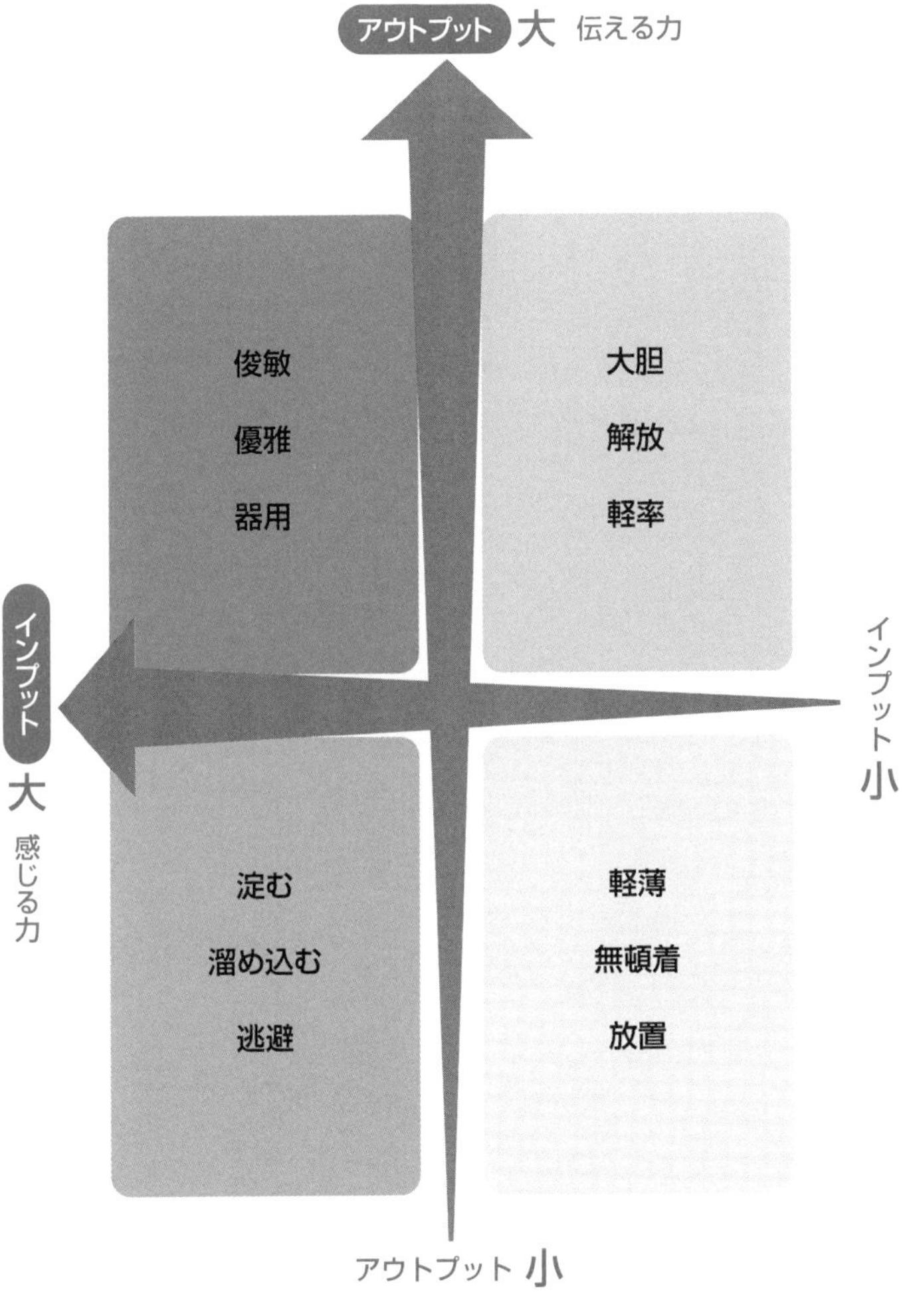

［インプット］が大きく［アウトプット］が小さいと心は淀みます。逆に
［アウトプット］が大きく［インプット］が小さいと軽率な言動となります。

図11　アウトプットとインプットのバランス

時にチャンスを待ち続けても、波がやって来ないことも当然あります。「いい波が来たら乗ればいい」ではなく、波が来る前からいい波に乗れるマインドを創る。やって来るチャンスの波に乗るかどうかを決めるのは、あなた自身。あなたが自らその波に走り込むことです。

「プロフェッショナルマインド」のもう1つ上の心の階層には、最高の次元である「マインドマスター」の階層があります（次の第5章で詳述）。

一緒にいるだけで相手が元気になる、自分の「存在」そのもので相手に元気をあげられるのが「マインドマスター」です。私のトレーニングによって、最終的にこの階層に至ることができます。

そのためのトレーニングの1つとして、「**Ｙｅｓ／Ｎｏクエスチョン**」というワークをマインド塾では行なっています。

いかに自分の意識が縮まっているか、自分で自分の視野を狭めているか、自らの無自覚を知るためのワークです。

質問を投げかけるとき、多くの人は「イエス」を想定し、正解を取りにいこうとします。

通常、相手に「ノー」と言われ続け、「イエス」と言ってもらえないと、だんだんと相手が見えなくなり、心が折れてしまいます。

これは、日常次元のマインドであれば当たり前の反応です。けれどプロフェッショナルマインドではそうはなりません。このワークはプロフェッショナルにとって必要な精神的な「挫折を味わう」ことによって、そこから「リカバリーする」マインド、立て直しができる、打たれ強いマインドを創ることが目的です。

実際に行なってみると、「ノー」と言われ続ければ、頭の中は真っ白になって、表層的に構築された自分の概念がガラガラと崩れていきます。頭が真っ白になる瞬間、「どうしよう」と考えることで迷いが生まれてきます。そのうち、「これは無理だ、もうわからない」と思考がストップしてしまいます。

自分のことで精一杯な自意識過剰、視点の低い状態になってしまい、最も大切な「相手を感じる」というマインドの在り方ではなくなってしまうのです。

これではプロとして失格。「上手くいくはず」だったのに、どうにもならなくなったとき、果たしてどう立て直すのか、どうバランスを取り戻すのか。そこがプロとして問われるところです。

プロスポーツの試合や、ボクシング、相撲などを観ていると、トップのプロは「上手くいかない」こと、つまり「ノー」の後の立て直しが、際立って優れていることがわかります。

ビジネス社会においても同じこと。ちょっと打たれるとすぐ辞めてしまう。モチベーションがすぐ下がってしまうトップ選手はいません。「達成したい」よりも「諦める」「楽になりたい」が勝って、無意識が逃げ出したがる。これではせいぜいプロを目指すアマチュアか、プロになれずに逃げ出したアマチュアのレベルです。「やりがい」を見失い、諦めてしまった時点で、プロではいられなくなります。

プロとは諦めが悪いのです。諦めが悪いからこそ、その道のプロとなれるのです。

言い換えれば「ノー」を「イエス」と同じように扱えるのがプロなのです。相手を知るということは、相手の「ノー」を知るということでもあります。「イエス」をもらうことと同じであり、それ以上の「ノー」は相手を知るヒントにさえなるのです。

「Ｙｅｓ／Ｎｏクエスチョン」というワークは、自らの無自覚にかかるブロックを痛感することで、プロとして必要なマインドを日常の中で身をもって体得することができるワークなのです。

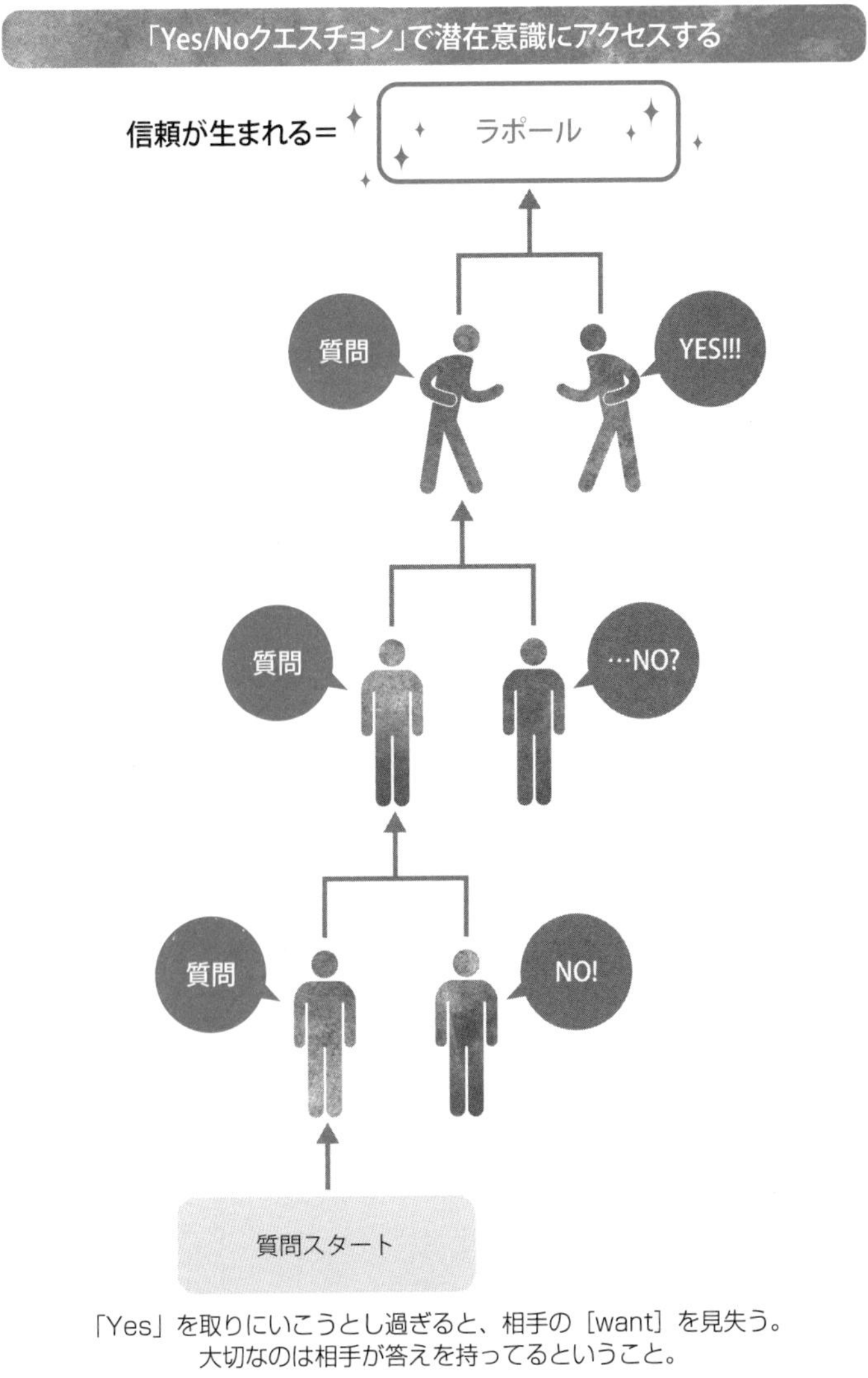

「Yes」を取りにいこうとし過ぎると、相手の［want］を見失う。
大切なのは相手が答えを持ってるということ。

図12　最も大切なのは「相手を［want］で感じる」マインド

限界の壁の前に立ちはだかる無自覚な「魔物」

ここでぜひお伝えしておきたい注意点があります。

それは、**トレーニングを始めると、誰もが、自分自身の心に潜む「魔物」に遭遇するということ**です。

「魔物」とは、あなたの心にある、メンタルブロックの正体でもあります。

これまでの自分を超えようとする瞬間、出くわすのです。「魔物」は、自分によい変化を起こそうとするとき現われる、自分の潜在意識の中に潜む「もう一人の自分」です。

人間は、本能的には変化を拒む生き物です。そこには「ホメオスタシス」が関与していま す。ホメオスタシスとは「恒常性維持機能《こうじょうせい》」という、生まれながらにして人間に備わって いる「ある一定の範囲に保とうとする」機能であり、この作用は心理面にも働きます。

あなたが自分自身の限界の壁を突き破り、「これまでの自分」を超えようとする瞬間、無意識にストッパーをかけてくる、それが魔物の正体です。

例えば、これまでの人生経験をもとにして構築された「自分はこうである」というフレームのことです。そこから外れようとすると、変化を拒んで、一定の振り幅に留まろうと、元の状態をキープしようと働く力です。多くの人は、自らの限界において、魔物から逃げようとします。けれど魔物と対峙することではじめて、自らの限界値を拡げることができ、自己成長を加速させられます。

魔物と対峙できるようになること――。

それは、自分自身の無自覚なマインドにフォーカスできるようになることを意味します。それまで自らの盲点だったことが意識化され、潜在意識の中に潜む「本当の自分」を感じ取る自分になることでもあります。

「勇気の創り方」を学んだことがありますか

「できっこないこと」を「できる」に変える。
なんだってやってのけることができる、
そのための潜在能力は一人ひとりの内側に在る。

この潜在的な力を発揮し、自分が自分を超える瞬間が、あなたにも必ず訪れます。必要なのは、自分を信じる「勇気」だけ。自分には無理だと諦める前に、潜在的な力をもっと信じることです。

ようやく現われた自らの「魔物」に対して、逃げ場をつくらず、目を背けずに対峙すればいいのです。そうして自らの限界を超えることで、人間は進化し続けることができるからです。

多くの人は「とんでもないことを成し遂げるのは、才能豊かな特別な人だけ」と思っています。表面化された能力だけが、実力だと思ってしまっているからです。

もっと輝きたい、もっと成長したいと望むのなら、常に自分の内なる魔物との闘いに挑み続ける勇気が必要です。その勇気を持ち続けることこそが、自らの潜在能力を引き出す原動力となるのです。

プロフェッショナルマインドには「2回目はない」

「この仕事は自分には向いてないのではないか」

「自分は能力が低いし、運も悪いからきっと上手くいかない」

何かを始める前からそんなことを思うことは、ありませんか。これらは、無自覚なメンタルブロックを生み出すマインドが原因です。

心の在り方が低い階層のままで、高度な〝心の業〟の習得をしようとするためです。マインドの階層が低次元な状態にあることが、「できない」「やりづらい」といった見えない障壁をつくっています。

これは人間関係においても同じ。誰かに対して「やりづらさ」を感じているときは、相手の心の視点も自分の心の視点も、引き下がってしまっているからです。どちらかの心の視点が格段に高まっていれば、「やりづらい」状態など起こらないはずです。

プロの世界は、どれほど本人が頑張っても、結果につながらなければ2回目はありません。それが結果を求められるプロとしての厳しい現実です。目に見える数字や評価の現実と向き合うことで、心の視点は容赦なく引き下げられます。

「一生懸命やっているつもり」では駄目なのです。どんな環境においても、感動的なパフォーマンスとともに、現実的な結果としてのクオリティが同時に求められます。たとえ結果が出ないときでさえ、立ち止まる暇などありません。逆境こそ、起死回生の究極の場面と受け止める。それがプロフェッショナルマインドです。

「やる」という〝覚悟のギア〟さえ入れば、潜在能力はいつだって、あなたに力を借してくれるのです。

潜在意識にアクセスできれば、相手のブロックが見えてくる

〈プロフェッショナル・メンタルトレーナー養成塾〉では、自分のマインドにフォーカスしながら、かつ相手のマインドにもフォーカスするというトレーニングも行ないます。

これは心の視点（マインド・ビューポイント）を、もう一段高くした、高次の視点［スーパー・マインドビューポイント］に引き上げる「心の業」をマスターするための、高度なメソッドです。

例えばクライアントと会話しながら、クライアントの意識する顕在意識だけでなく、潜在意識にもアクセスして、相手のメンタルブロックの内側へ介入できるよう、常に引き上がった心の視点から言葉を投げかけていきます。そのような体感トレーニングでは、参加者は最初、何度も挫折を味わいます。しかしマスターできるようになると、

「これか！　自分のブロックがわかりました」

と皆、興奮します。自分が自らの心の業に感動するのです。最初は、

「そんなこと、絶対無理！」

「できっこない」

と思っていても、マスターすることを目指してトレーニングし続けると、潜在的な力が引き出され、気がつくとマスターしている。それが私の教える〝心の業〟の体感トレーニングです。

トレーニングによって心の視点が引き上がり、自分のそれまでの殻が破れると、心を覆《おお》っていたブロックが自ずと外れます。

このように、自らの潜在意識を自在に活用できるようになると、他人の無自覚なブロックも見えてきます。その時点で心の階層はまた1つ引き上がり、目の前の他者の潜在意識にもアクセスすることが可能になるのです。

会話は「耳」で聞いてはいけない

実践トレーニングの場では、相手役の言葉をそのまま耳で聞いてしまうと、聞いている側

の心の視点は引き下がりがちです。言葉の意味ばかりを考えて、自分の理解できる範囲内で話を聞いてしまうからです。

「相手の話を耳で聞く」という次元で、何時間、話を聞いていたとしても、その人の無意識には介入できません。するとこちらの話すことは相手の潜在意識に届きません。潜在意識に届かない言葉は日常次元の会話となり、単なるお茶飲み話やお悩み相談になってしまいます。

メンタルトレーニングに訪れるクライアントが求めているのは、「自分の話を親切に聞いてくれる人」ではなく、「自分の潜在意識に触れられる人」です。

そのためには**相手の言葉ではなく、言葉の奥にある真意に耳を常に傾けることが大切です。**言葉になる前の「想い」、心の「揺れ」、「感情」をキャッチして、反応することが大切です。**目に見えない心をただひたすらに感じ続けていくこと**です。

「メンタルトレーナー養成塾」では、私は、「上手な話の聞き方や話し方」を教えているわけではありません。むしろ、「話を聞いてはいけない」と伝えています。相手の話を聞くことに必死になり、話を聞くことで手一杯では、相手の「人生を劇的に変える」次元には到底たどり着けません。

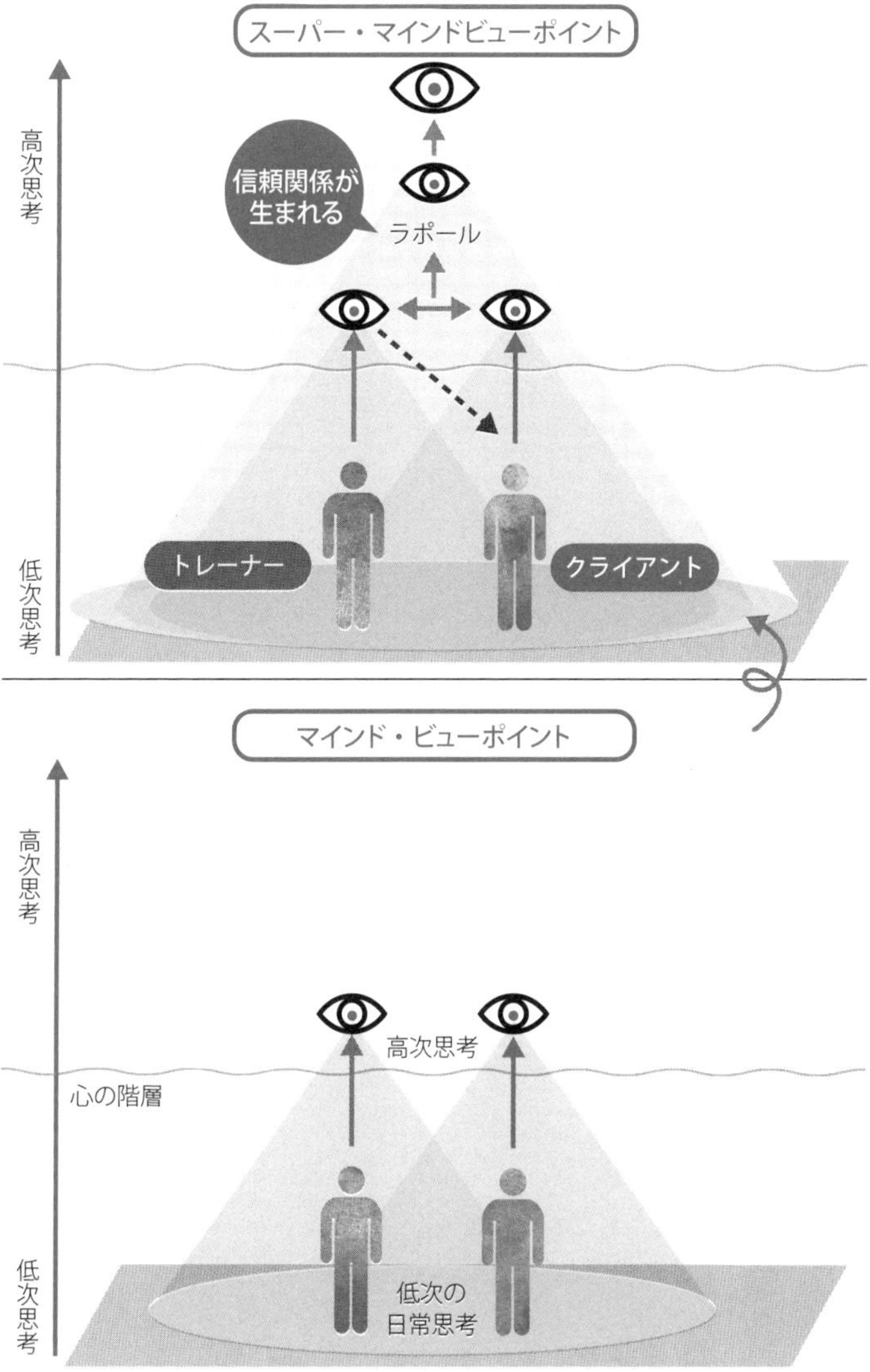

図13　プロフェッショナルマインド

相手の事情をどれほど聞いたところで、究極的には相手の事情をすべて知ることなど不可能です。圧倒的に相手のほうが、現状で自分自身に起きていることに関する情報を多く持っているからです。それは相手が答えられている時点で、10％以下の顕在意識の情報だからです。トレーナーとして課されるのは、相手の潜在意識に潜む「何か」を感じ取ることです。

何より目指すのは、相手の大切な時間を自分の理解のために使うことではなく、相手の人生が好転していくこと。念頭におくべきはクライアントがその日、そこに訪れたのは、「自分の未来を変えるため」なのだということです。

相手の問題を相談者に聞いてしまってはいないか

相手に、抱えている「問題」について語ってもらう。一般的な会話ではそれでもいいですが、プロフェッショナルであれば失格です。

クライアントが訪れてきたとき、アマチュアマインドのトレーナーは、時間のほとんどを、相手を知るための〝事情聴取〟に使ってしまいます。事情の聞き取りだけで時間のほとんどを費やすのは、プロとはいえません。

トレーニングの時間はあくまでクライアントの時間であり、トレーナーの時間ではありません。初対面の最初の1回目でも、それは同じこと。話の内容に重きを置くと、1回目であろうと2回目、3回目であろうと、毎回クライアントの話す内容は変動するのです。トレーナーに「何が問題ですか」と聞かれて、答えられる相談者はいません。答えたとしても、それは意識化できている表層的な何かであって、真の答えではないのです。

相手は答えがわからないから、相談に来たのです。だからこそトレーニングに訪れて、いま目の前に座っているのです。自らの悩みを解決したくて、人生を変えたくてやって来ています。

例えば、クライアントの事情を充分に聞いた後、

「今日はいろいろお話を聞かせていただき、あなたのことはよく理解できました」

となっても、クライアントにとっては何も変化がなく、「それで私はどうしたらいいのでしょうか」と失望してしまいます。

そうした場合、重要なのは問題解決しようとしないことです。問題を探そうとすればするほど、心の視点は引き下がります。話を聞き出そうとするあまり、表層意識に働きかけてしまうからです。必要なのは、意識化されていない潜在意識にトレーナー側が働きかけること

です。意識化された顕在意識に問いかけたところで、本質的な解決には至れない。それがマインドのしくみだからです。

クライアントが真に求めている答えとは、目では見えない、本人が意識できていない領域、その人の無自覚な潜在意識に潜んでいるのです。

「ちょっと無理です」と言うたび、無力な自分になっていく

「プロフェッショナルマインド」の講座には、様々な職業の方が参加しています。

経営者、管理職、営業職、子育て中の主婦の方から学生、そしてプロのメンタルトレーナーの方まで、皆同様に同じ内容のワークを行ないます。

そこには理由があります。実際、社会生活では、仕事の相手が1つの職種同士とは限らないからです。そのため、職種、立場の違う者同士で、「何を感じ取れるか」「何をどれだけ伝えられるか」が課題となるからです。

メンタルトレーナーを目指している参加者には、よくこんな問いをします。

「もしブラジルのサッカー選手、ネイマールが『自分にメンタルトレーニングをしてほしい』と訪れて来たら、どうしますか」

スケールの違う、異次元の経験をしている相手に対して、ひるむことなく、トレーニングができるかどうかです。

相手は世界的に活躍するトップアスリートです。年俸は自分の何千倍もある選手です。そんな人物が目の前に座ったとき、果たして平常心でトレーニングができるかどうか、そこが試されます。「こんな凄い人物を相手にメンタルトレーニングできるわけがない」と、座った瞬間に逃げ出したくなってしまうかもしれません。それではプロ失格です。

相手と対峙した瞬間にひるんでしまうと、不安感とともに自己防衛本能が働くことで、プロフェッショナルとして求められる「仕事＝〝業〟」は行なえません。

これは、相手がトップアスリートのネイマールだからではなく、**自分の主観で相手を受け止めているから**、起こる問題なのです。相手が超有名なアスリートだと、自分には無理だと恐れを抱くことで、心の視点が引き下がります。すると自意識過剰な状態に陥り、自分の主観で相手を解釈しようとしてしまいます。それゆえ自分以上のスケールの人間や、自分の経験や理解を超えた人間とは、向き合うことはできません。自分のできる範囲でやってしまうのでは、いつまでたっても潜在能力の出番はやって来ないのです。

人間には「イマジネーション」という無限の力があります。

相手を感じることで、顕在的な情報以上の、相手の潜在意識へ介入することができます。

それが「プロフェッショナルマインド」です。

「人生を劇的に変えるマインド」を手にしたいのならば、**自分が理解できている世界だけでやろう**としないことです。潜在的な力は、自分の理解を超えた向こう側にあります。真っ白で真っさらな状態、恐れることなく、ただ目の前に座った人間のマインドと向き合えばいいのです。それができるかどうかが、どんな場面においても試されています。

いま「やる」と決めないから、未来も「やらない」を脳が選択する

先ほどの「メンタルトレーニングをしてほしい」というトップアスリートに対して、「自分にはまだちょっと無理です」と答えるのは、ある意味、通常のマインドです。

しかし、ここに誰もがかかるマインドのトリックがあります。

「まだ」という言葉は、「いつかきっと」という意味。潜在意識では「いまの自分はやらない」と思っています。「やりたいのか」「やりたくないのか」と問われれば、いまはまだ「やりたくない」です。これでは潜在能力は発揮されようがありません。

往々にして人は、「いまやると決めないから、未来もやらない」のです。

人間の潜在意識は、意外にもシンプル。言葉で「やる、やる」と言っていても、「やらない」を実行し続けてしまうのです。それは「やる」と決める覚悟が決まっていないから「やらない」のです。「いま」やらない人は、どんな条件が備わったとしても、いくら時間が経っても「やらない」を実行します。「知識がない」「英語が話せない」「自信がない」などは、単に自分の心の準備ができていないことによる「できない言い訳」です。けれど、そういった人は、これらをすべてクリアしていったとしても、なんだかんだと理由をつけては「やらない」のです。

いまできることすべてでぶつかっていく、覚悟と勇気がないからです。**いまあるすべてでぶつかるからこそ、限界を超え、潜在能力が発揮されます。**何かする前から「できない」と判断するのは、「恥をかきたくない」「迷惑をかけたくない」「クレームが恐い」「傷つきたくない」など、自意識がブロックをかけている証拠です。

「無理だ」と思う根源的要因の多くは、こうした自意識からくる恐怖心なのです。それがあなたの「限界の壁」をも強固にしているのです。

本当の答えは「言語化されていない何か」

心の視点を「スーパー・マインドビューポイント」の階層まで引き上げる体感トレーニングを実践すると、他人と自分という者の存在を、並列に感じていくことができます。やがて自分を「他人事」として、他人を「自分事」として感じることができるようになります。これが「プロフェッショナルマインド」の在り方です。

こんなケースが、時々あります。訪れたクライアントがトレーニング中に、

「でも別に、私はこれでいいのです」

という言葉を口にするのです。「私はこれでいい」「いまのままでいい」というのは、一見、現状を受け入れているように見えますが、本心は「このままでいいはずはない」のです。「もういい」と、諦めなければならない無意識の「何か」が、そこにはあるととらえなくてはなりません。

何に対して、いまのままで「いい」と言っているのか。言葉の奥の真意を汲み取ることが大切です。それができるのが、「マインド・ビューポイント」のさらに1つ上の心の視点、「スーパー・マインドビューポイント」です。

「いまのままでいい」と変化を拒むのは、何を恐れているのだろうか、「スーパー・マインドビューポイント」で、言語化されていない何かを無意識に感じ取ります。その人はどんな意味で「これでいい」と言っているのか。いまの状態のすべてに対して「このままでいい」と言っているのではなく、ある一部に対して「いい」と言っているだけのはずです。

言葉と感情はいつも裏腹です。常に揺れ動いている感情を、他人が的確に言語化できると思うのは危険です。

心をいつもニュートラルなポジションに置くと視野は拡がる

人は、意識しているものだけ見ようとすると、多くのものを見落とします。

カメラで撮影する瞬間をイメージしてみてください。望遠レンズのピントを絞り、写したいターゲットに標準を合わせると、見えている範囲が極端に狭まります。すると被写体以外に存在しているものを探そうと思っても、見つけ出すのにひと苦労します。

マインドも同じことです。フォーカスをゆるめ、拡げれば拡げるほど、視点が引き上がり、多くの情報をキャッチでき、物事の真意をつかめるようになります。自分の主観で相手の真意を読み取ろうとしなくてもいいのです。

ピントを絞らず、ぼんやりと曖昧な意識で、相手を感じ取ること。高台に登ったつもりで、風景を眺めるようにすれば、相手の未来を見通せます。

ニュートラルなポジションに、心を置くことです。そのために、心の視野はできる限り拡げておきます。フォーカスを自由自在に絞ったり拡げたりできるようになれば、自分を取り巻く世界もまた、同じように自在に扱うことができるようになります。

「スーパー・マインドビューポイント」を獲得すると、平常心で対応できる

音楽の世界においても、潜在意識の活用は重要です。

セッションと呼ばれる即興型のライブでは、それが顕著に現われます。セッションライブでのパフォーマンスは、リハーサルのない本番のようなもの。マインドが引き上がった状態

でないと不可能です。

自分と相手が奏《かな》でる音色の響き合いを予測しながら、自らの音とリズムを同時並列で創り出す達人の業が求められます。まさに「曖昧な意識」の活用です。

音を聞いているようで聞いていない、聞いていないようで聞いているという感覚です。それこそが感じ合う世界であり、「伝え合う空間」。音が響き合った偶然性の高い感動が、聞く者を引き込むグルーブ感を生み出し、それが曲中で不規則に拍子が変わっていくなら、偶然性はさらに高まります。これらは、ベーシックな演奏を完璧にできるからこその〝崩し業〟です。

こうした次元のパフォーマンスで魅了できるミュージシャンは、互いに感動をステージで与え合い、同じプロをも感動させる真のプロフェッショナル、マインドのマスターといえます。

一般のビジネス社会では、どうでしょう。

職場において感動を与え合うような場に身を置いている人は、どれくらいいるでしょうか。

ハイパフォーマンスを連発する、「潜在意識のプレイヤー」と呼ばれるようなレベルの人は、そう多くはないのではないでしょうか。

上司から「やってくれ」と言われたからやる。嫌々ながら動く部下や同僚の姿があなたの周囲に日々見られませんか。「できません。無理です」と言って、できること以外はやらない主義の人も、あなたの近くにいるのではないでしょうか。

仕事場というステージに上がっているにも関わらず、プレイ（演奏）をしないミュージシャンと同じです。ライブ公演であればライブは中断となり、見に来てくれた観客に謝罪をして、チケット代を返金するという事態を招きかねません。

プロである以上、上手くやれて当然です。ましてや、「できるかできないか」などではなく、「期待に応えたい、感動を生み出したい」という無我夢中の想いでやり抜くのです。そこには迷いなど1ミリもないのです。

潜在意識の変化は、自分よりもまず周囲が気づきはじめる

いったんトレーニングを始めると、電車通勤のビジネスマンやOLの塾生の方から、

「満員電車の中で、イライラしなくなった」

「意識が高まってラッシュ時も楽になりました」

という声が多く上がります。

体感トレーニングでメンタルブロックが外れ、自分が手放せずにいた「何か」から、解放されるからです。誰もがトレーニングを重ねると、

「最近、いろんな人に頼みごとをされることが多くなりました」

「人からのお誘いが急激に増えてきました」

と、人間関係が変わりはじめたことを伝えてくれます。何よりもうれしいのは、

「街を歩いていると、人に道を尋ねられることが多くなった。それまでの私と、いったいどこが変わったのでしょうか。自分では、なぜだかわからないんです」

と、本人が気づかない無自覚なところで、変化を自覚するようになることです。これこそが潜在意識の変化です。ご主人がトレーニングを受けた後、奥様がやって来て、「うちの夫にどんなお話をされたのでしょうか。なぜあんなに変わったのでしょうか」、「私もトレーニングを受けたい」とおっしゃるケースもあります。

自分では気づかぬとも、無自覚な潜在意識に変化が起きているので、家族ばかりでなく、職場の人々や身近な人から、「○○さん、最近変わったね。何かやってるのですか」と言わ

れるようになる。実際、仕事や人間関係に好影響が出てきます。

そして、自分で「変わった」と気づかなくとも、周囲が気づきはじめるようになります。

それこそが、潜在意識に働きかけるトレーニングの証なのです。

相手の未来に働きかけられるのが「プロフェッショナルマインド」

こんな経験もあります。オフィスに気のきいた観葉植物を置きたいと思い、ある植木屋さんに入ったときのことです。

お店にはいくつものオリーブの苗木が置いてありました。私は一人の店員さんが語るオリーブの世界に引き込まれ、紹介された鉢を前に、そのオリーブの苗木が成長し、実をならし、やがて大きくなる姿を、気づくと思い描いていました。その店員さんは無意識に、私の未来に働きかけていたのです。

オリーブに特別、興味がなかった私にも、「このオリーブと5年、10年つき合っていきたい」と思わせてくれたのです。まさにプロフェッショナルな接客です。

あれから約10年が経ちましたが、いまでもそのオリーブの苗木は成長を続け、大切な私の生活の一部になっています。

洋服でも、料理でも、そこまでお客の潜在的な要求に対してオーダーを取れる店員さんは、本当のプロフェッショナルです。単に商品を買ってもらいたいというのではなく、「とにかくこれは最高なのです」と、その商品の「＋αの価値」を余すことなく相手に伝えたいという想いに溢れているプロです。

すべては無意識にやっていること。客側も、買わされたという気持ちはみじんも起きません。それでも店員さんにとてつもなく商品に対する思い入れがあったり、惚《ほ》れ込んでいれば、その気持ちが相手に自然と伝わってきます。そういう接客が、まさに「プロフェッショナルマインド」そのものなのです。

来店した人は、そのお店にあるものに興味を持ってやって来た人です。その上で、どれを買うか、何をオーダーするか選びます。「迷う」ためにやって来たのではないのです。プロフェッショナルは、相手の心の視点を引き上げ、たくさんの情報の中から必要なものを「選択」できるマインドを創り出せるかどうかを試されているのです。

お客は「これは最高のモノだ、これしかない」と迷いなく意志決定を容易にさせてくれるプロフェッショナルを、どこかで潜在的に求めているからです。

シンプルなところで、人は最もサボりたがる

仕事のクオリティに重点を置けば、

「自分がいかにして仕事をどれほど美しく仕上げられるか」

を追求してやまなくなるでしょう。これこそがプロフェッショナルの美意識です。

それは決して困難なことではなく、とてもシンプルで心地よいことです。しかしアマチュアマインドの持ち主は、そこを一番サボりたがります。

身近な例を挙げてみましょう。例えば、オフィスでの業務です。上司から書類の準備を指示され、複数の書類をホッチキスで束ね100部作成するという単純な作業をするとします。

この場合、ただ単に留めるのではなく、素早く、美しく留めるには、どうしたらいいかを工夫します。100部の書類を最初の1部目から100部目まで、いかに見栄えのいいように仕上げていくかイメージし、創意工夫のできる人が、プロフェッショナルです。

日常業務においては、100枚の紙を折り畳み1枚ずつ封筒に入れる作業を頼まれたならば、ただ機械的に入れるだけの人と、少しでも早く美しく入れていこうとする人とでは、自ずから大差が生じるのです。1ミリのズレをも意識して、きっちりと折り畳むにはどうした

らいいか、1枚目から100枚目まで、飽きることなくできるマインドと、そうでないマインドとは、雲泥の差となるのです。

それがアマチュアで終わる人と、プロとして活躍し〝自分繁盛〟できる人との差です。こうした意識の在り方の差が、やがて人間としての価値を左右するのです。

真のプロフェッショナルは、「未来」のベストを追い求める

プロといっても、当然ながらどの業種や組織、チームにおいても、質やレベルの違う者同士が混在しています。

日本のみならず世界に通用するトッププレーヤー、いわゆる〝究め人〟一流が持っていて、その他が持っていないものとは、何か。それは**探究心**です。この探求心が「いまの自分」を超える自己超越のマインドの核となるからです。それが、プロになった時点で満足してしまっている人と、プロフェッショナルな道を究め続けている人との違いを生み出すのです。

それはスポーツの世界においても、ビジネスの世界においても同じ。アスリート、ビジネスパーソン、アーティストと分野は違っても、本当のプロフェッショナルはメンタルトレー

ニングに励み、目標を達成しトップになっても、「もっと上手くプレイしたい」と考えます。「いまの自分に足りないものは何か」と常に自己超越を追い続けているからです。トップであればあるほど、そうした飽くなき探究精神の姿勢は顕著です。

進化する自分を当たり前のようにして望み続けるのは、自らの限界に挑み続けることで潜在能力を味方にし、常に新境地を目指しているからです。安定したレベルの中に安住し、自分を退化させてしまうことこそ、彼らにとっては「恐怖」なのです。自らに喝《かつ》を入れ続けることで、自己ベストを更新し、自らを進化させ自己超越を続けています。

「いまのレベルではまだまだ足りない」という部分が常にある。それは、己の才能の不足を嘆いているわけではなく、**自らの可能性を渇望し「これまでのベストではなく、この先のベスト」を追い求めている**証です。

だからこそ、いつまでも色褪《あ》せることなく輝いています。常にトップを走っている。観る者に勇気を与え、周囲を魅了し、いつまでも支持されているのです。

それが組織ならば、皆がついていきたいリーダーとして、君臨し続けるでしょう。

「在るがまま」に生きると肯定感は高まっていく

ここで一度、自分に問いかけてみましょう。

「社会において〝性格がいい人間〟が果たして成功しているか」

「真面目にやっている人間が、いつも選ばれているか」

あなたの周りはどうでしょう？　そして、あなた自身はどうですか。


私は、「性格がいい人間、真面目な人間」を否定しているのではもちろんありません。ただ「真面目でいい人」というフレームに、無自覚にはまってしまっている人々があまりに多いことに対し、言及しているのです。

「我がままに」そして「在るがまま」に生きる。

その難しさはこれまでの人生で、あなたも充分に知っているはずです。けれど究極的には、どれだけ取り繕《つく》ろったとしても、「いま」の素の自分で勝負するしかありません。

自分を抑え込んで「いい人でい続けること」の代償は、無自覚に積み上がっていきます。

「嫌われたくない」と思うことをやめる勇気を持つこと。嫌われたってかまわないと思えるぐらいの気合で、目の前のことにぶつかってみたとき、あなたの内側で何かが弾けるはずです。

弾けて崩れ落ちるもの、それこそがあなたをいつも怯《おび》えさせる「メンタルブロック＝心の壁」です。それが取り払われれば、〝覚悟のスイッチ〟が自ずと入り、その瞬間、あなたの潜在能力は確実に引き出されます。

「なんだってやれる気がする」最強のマインドを手に入れる

〈心の実学〉集中セミナーで、私が参加者に常に問う質問があります。

「あなたが目指すのは、〝非凡〟ですか、それとも〝凡〟ですか」

そして、

「どちらなのか、いま、決めてください」

と問いかけます。もちろん「凡」を選択し、いまあるままの人生でよいと思う人は、何かを変える必要はないでしょう。しかし「自分の人生はこんなものじゃない」と少しでも思うのならば、これまでの自分の「凡」を脱却するためのアプローチへと切り替えてください。

人は、前述した「ホメオスタシス」（恒常性維持機能）の働きにより、無意識に「現状＝凡」をキープしています。よほどの決意か、外部環境の変化でもない限り、「非凡」を選択することは、日常生活においてないことです。だからこそ、メンタルブロックを突破するための体感トレーニングを、実践する意義は大きいのです。あなたの無自覚な潜在意識にアプローチしなければ、この先もそれを変えることはできません。


いまのあなたはどうでしょう。

「凡か、非凡か、どちらを望みますか」

凡を脱け出し、非凡を生きる覚悟はありますか。どちらを選択するかで、あなたの未来は確実に変わってきます。

「凡と非凡、どちらを生きるか、それをいま決めることに、何かしらの躊躇が生まれる」というのは、それ自体はいたって正常なマインドであります。しかし、だからこそ、まずは「本当に変わりたい」と自らの想いを「自覚」することです。

自覚することで、「何だってやれる気がする」という体感が、内側から沸き起こってきます。

そして、サビついた感性が動き出す「覚醒」の状態が、次に生まれます。やがては「なんだってやってのけてみせるぞ」という「覚悟」が決まるのです。

自覚することから、覚悟は自ずと生み出される。つまり覚悟は「決める」ものではなく、「決まる」ものということです。それは無自覚な潜在意識レベルで起こる現象であることを意味しています。マインド革命の揺るぎない根幹へのアプローチとなります。

「非凡」のマインドを持つと、逆境に強くなる

いま私は、ある社会人野球のメンタルトレーニング研修に携わっています。

その研修の初日に、こんなことを伝えました。

「皆さんはいい人になりたくて、野球をやっているのではないはず。非凡を目指しているはずです。日常という「凡」に生きるのか、至上最高の「非凡」をやってのけるか。それはみな自分自身の問題です」

プレッシャーのかかる場面で、逆転ホームランを打つことのできるマインドの持ち主とは、どんな人間でしょうか。

「次の１球で試合の流れを自分が変えてやる」

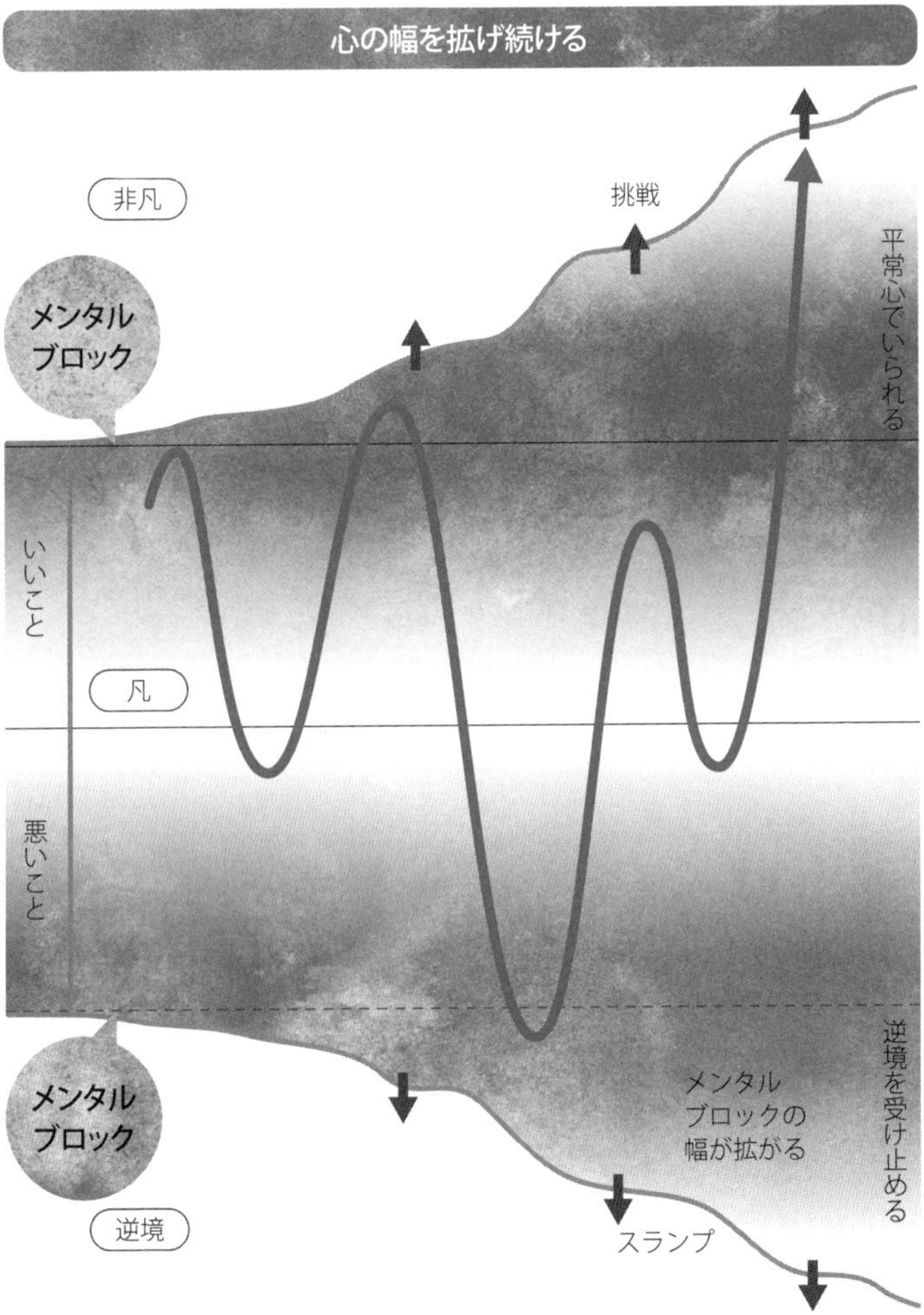

振り幅を拡げていくことで「自己成長」、進化へと向かう
その中で変化を拒むと、現状維持となり、やがて退化へと向かう

図14　メンタルブロックを外し続ける

「次の1打は自分のためにある」

と思える人こそ、「非凡」のマインドの持ち主です。試合の流れを変え、相手を威圧するほどの意気込みで対峙できる人間――。ここぞという瞬間に必要となるのは、平常心をキープできるマインド力です。そんなマインドを創り込めるかどうかが、勝負です。

本番力を発揮できるかどうかは、性格や気質の問題ではなく、いかにして自らの「マインド・ビューポイント」を自在に操り、この先に起こりくる変化に対応できる〝マインドポジション〟をキープできるかどうかなのです。

失敗を恐れないマインド創りで、本番力を高める

スランプにあるスポーツ選手には、こんなことを伝えます。

「本番のための練習に励むのは、今日からやめましょう」

本番も練習と同じように思えるための練習、つまり練習を練習と思わずに取り組むことで、「本番力」を鍛えていくのが、最も効果的なマインドトレーニングです。

本番は一度きりだと思うから、緊張するのです。トップアスリートは365日、1日も休

むことなく1つの種目に挑み続けます。本番以外はすべて練習の日々です。その練習をすべて本番のつもりで構えているのが、彼らトップアスリートのメンタルなのです。

「本番に弱いです」

というのは偽《うそ》です。本番に弱いのではなく、本番に慣れていないのです。日々、練習を本番とイメージし続けることで、「本番力」は鍛えられ、備わってきます。

また、野球選手がヒットを打てるか打てないかの打率は、よくても3割後半。残りの6割以上はヒットしていないのです。「本番力」を高めるには、**失敗を否定的にとらえない、いかに肯定的に受け止められるか**、です。そのために6割以上の打てていないときのマインドのリカバリー力を培《つちか》うための、日々の練習こそが重要となります。つまり、打てても打てなくても平常心で在り続けられるマインドを創り上げることが、本番力を高めるために必要なのです。

「やる気」と成績は比例しない

営業の部下が、「契約が取れませんでした」と言って会社に帰ってきたとします。

あなたが上司ならば、どうしますか。

「やる気があるのか！」と腹を立てるかもしれません。頭ごなしに叱っても部下は「これだけ真剣にやっているのに……」と思い悩むだけです。部下にとっては、営業に行く行かないが「凡」であり、契約を取れるか取れないかは相手次第でわからない未知のことです。彼にとってはそれが「非凡」なことだからです。

本気で契約を取るつもりのある部下ならば、「契約が取れなかった」とだけは言いません。すでにリベンジ案が浮かんでいるからです。「今日は取れませんでしたが……次のアポは……」と、巻き返しをイメージできているはずです。

自分で自分をリカバリーできることが、一流のマインドの証。「なぜ取れなかったのか」と落ち込んでいる暇などありません。

契約が取れても取れなくても、「今日をどんな気持ちで終えるか、明日をどんな気持ちで迎えるか」という時間の過ごし方が、その先の月間、年間の売り上げに差をつけるのです。

契約が取れたか、取れなかったかに一喜一憂するのではなく、契約が取れた日も、取れなかった日も〝上機嫌モード〟を選択できるマインドにセッティングする。

「よし！　次はこんな案でいこう！」

「そうだ、午前中にあそこに顔を出そう！」

と思えるマインドが、未来の契約につながっていきます。

もちろん、契約するかしないかの決定権は相手にあります。営業は相手ありきで、自分勝手な都合だけではどうにもなりません。だからこそ次の一手が重要です。「もう少しのところまでいったのに、先方が決断してくれなくて……」と相手のせいにしたり、「来訪者があって、交渉が途切れてしまった」と状況のせいにして言い訳するのでは、瞬時に気持ちは〝不機嫌モード〟にセットアップされてしまいます。

大切なことは、「次、どうするか」です。何かが足りなかったのは事実。それは、何か。「決め手」がなかったのです。

「プロフェッショナルマインド」があれば、「次はどうするか、何をすればいいか」、もう次の一手にとりかかっています。

プロであれば、「相手が何を言うか、それに対してこちらはなんと言うか」というイメージは、前もってできているはずです。しかし思い描いていたことから外れた場合にどうするか。そこからがプロとしての、自分が試される正念場です。

相手の出方をイメージして、「自分がこう言ったら、相手はこう来るだろう。そうしたら自分はこう出よう」と一手先だけでなく、二手先、三手先を無限に予測できるマインド、それこそが「プロフェッショナルマインド」の極みです。

今日の営業報告をするとともに、先方の期待に応えうる三手先の「何か」をすでに見出す。これが「非凡」と呼ばれるプロフェッショナルの仕事ぶりなのです。

スピード感が勝負の時代

「仕事ができる人と、そうでない人の違いは、なんでしょうか」

そう聞くと、多くの方は、能力、スキル、性格などを挙げます。もちろんそういった要素は重要です。けれど、そのような頭で思いつくすべての顕在的な能力は、**一理はあってもすべてではなく、**それらは、**わずか10%程度の違いに過ぎません。**つまり、現状発揮されている能力自体が〝氷山の一角〟の力なのだということです。

この先の人生において重要なのは、あなたが自分の残された90%以上の潜在意識の可能性をどこまで活用していけるのかです。残り90%の潜在意識にアプローチできるかどうかが、カギです。その力をどのタイミングでいかに活用していけるかどうか。そこに格段の違いが生じてきます。

例えばサッカーの場合、アマチュア選手と世界で活躍するトップ選手の違いがあります。アマチュア選手が陥りがちなパスミスとは、自分の出したパスが相手に取られてしまうこと。味方にパスを出すとき、相手の取りやすいところに出してしまう。意識できている場所に、意識できているタイミングで、見えている範囲でプレイしてしまうからです。

当然、パスは相手にカットされます。相手が意識できないタイミングを狙ってこそ、相手の攻撃をかわせます。意識は常に「いま」ではなく「未来」に持っていくことが重要です。トッププレイヤーであれば、相手の動きをキャッチし、自分の未来の動きを読みます。相手の動きをキャッチするため、先回りして相手の潜在意識を読み取るパフォーマンスができています。「そんなことができるのは達人だけだ」と思うかもしれませんが、トレーニングを積むことで誰もがマスターできるようになるのです。

それは、人間の脳のメカニズムには、「先読みをする」神経細胞がプログラミングされているからです。それこそが「ミラーニューロン」の活用です。

〈マインド塾〉で行なうワークは、結果的にこの神経細胞を活性化させることで、相手の想いの感じ方を直に体感することで、その力を習得できます。はじめは目に見えるものや相手の言動にただ反応していた人も、目に見えない潜在意識にフォーカスしていくことで、相手の想いが言語化される少し前のタイミングで察知することができるようになります。体感トレーニングすることで、自分以外の誰か、つまりその人自身がまだ自覚していない意識を先回りし、感じ取ることができるようになれるのです。

そのスピードやリズム、そのタイミングに慣れてくると、「いま」にありながら、「未来」に対応できるようになります。そして、**先回りして未来に反応できるマインドの状態にセットアップされてくると、日常においても時間的な余裕を生み出せ、やれることが多くなります**。キャッチできる情報が格段に多くなるからです。

そのため、チャンスを自ら創り出せるハイパフォーマンスを様々な場面において実現できるようになります。こうしたすべては潜在意識の活用によるものなのです。

デキる人間は「未来をキャッチする業」で時間のズレを生み出す

ビジネスの現場において、「仕事が早い」「仕事がデキる」といった評価を生み出すパフォーマンスを目指している人は多いでしょう。

仕事ができる人は皆、意識できないほど**微妙な時間のズレを生み出しています**。

「時計の時間」と自分の行動に、ズレを生み出せる人は、非凡のマインドを持つ人たちです。

野球のシーンにたとえると、それは相手が想像する球をはるかに超えた打てない魔球を投げられる投手であり、相手が想像できないタイミングを狙って盗塁を成功させるランナーです。

盗塁はまさに「盗む」と書きます。「相手の盲点をつく」、それがプロです。相手が見ているところではなく、見ていない隙を狙います。相手の無自覚な意識と対戦しているのです。

人が走らない場面、走りようもないタイミングで、走り込むから盗塁に成功する。あえてスローなボールを投げたり、カーブやスライダーといった変化球を投げ、相手の意識をズラす。非凡のプロには、これができています。

瞬時にタイミングをズラして、相手を惑わしているのです。そしてファインプレーを常に狙っています。自分のところに来る未来のボールを、いつも待ち構えています。これこそが〝心の業〟の1つ「未来をキャッチする業」です。この業をマスターし、本番で活用しているのが、潜在意識のプレイヤーたちなのです。

これらはビジネスの分野でも同じこと。「現場で活躍したい」「ヒット作を生み出したい」と思うなら、「いま」ではなく、「未来」に意識を向けておくことです。

ヒット商品を生み出したければ、「未来をキャッチする業」で、ほんのわずか先回りして、流行から外れた「無自覚なズレ」を創り出すことです。

周囲の意識を一瞬惑わすような、わずかな未来への「時間のズレ」。そのズレを何の躊躇もなく生み出せるかどうか。目に見えない情報を繊細に感じ取り、**勇ましく大胆に実行する。**そこに必要なのは、自分を信じる勇気だけです。

それこそがまさにあなたのいまを、さらなる高みに引き上げていく「プロフェッショナルマインド」なのです。

パラダイムシフトを起こす体感トレーニング

鏡のワーク

心の実学セミナーでは、【マインドの法則】でお伝えしている3つのプロセスである「want」の原動力で、「イマジネーション」を働かせ、「マインド・ビューポイント」が引き上がるということを体感につなげていく即興トレーニングを行なっています。その中でも、私が実践する代表的なトレーニングの1つに、「鏡のワーク」があります。

このワークは、特別な部屋を利用して行ないます。

まず、参加者Aさんに部屋に入ってもらいます。部屋の前方の壁は、全面、鏡です。

そして、部屋の中央の立ち位置に立ってもらいます。

「鏡を見て、自分を確認してください」と、私はAさんに伝えます。

Aさんが、その位置に立つと、目の前の鏡の中に自分自身が映し出されます。そして、鏡の中の自分自身と視線を合わせることになります。

次に、「カメラマンを意識して、ポーズをとってみてください」と伝えます。

全面が鏡になっている壁に向かって右側に、カメラマンがビデオカメラを肩に担いで、ちょうど鏡に映っているAさんに向けて、カメラを持ち立っています。

Aさんは、鏡を通してカメラに目線を移し、鏡に映った自分を見ながらピースサインをしたり、好きなポーズをとります。撮られている自分に意識を向けるのです。

次に、「鏡ごしにあなたを見つめている人と、目を合わせてください」と伝えます。

Aさんの後ろに、私の助手が鏡ごしにAさんを見つめながら歩き、Aさんに近づいたりして、その間、鏡を通してAさんと助手は視線を合わせています。

次に、「カメラマンのカメラに自分が映るポジションに、移動してみてください」と伝えます。

Aさんは、カメラマンが鏡に向けているカメラのレンズを意識しながら、ちょうどそのフォーカス内に入るよう、前に少し出たり、横に歩いて移動します。そしてそこに映し出されているはずの自分の姿をイメージしながら、自分自身を感じていきます。

そして、最後。

「この部屋には青いボールはいくつありますか?」

「何人の人が見えていますか?」

そう言葉をかけながら、鏡に向かって立っているAさんの背後で、大きな青いボールを転がしたり、見知らぬ人が突然、通り過ぎたりします。私自身もAさんの背後を歩き回ったりします。

どの動きも、鏡にはしっかり映し出されています。そこで再び尋ねます。

「いま、あなたには何が見えていますか」

これは、参加者の心にパラダイムシフトを起こすための問いかけでもあります。この「鏡のワーク」を経験した参加者からは、

「すべてをここに言語化することはできませんが、マンツーマンのパーソナルトレーニングを受けたような気がする」

と言われます。これは参加者にパラダイムシフトを起こすため、私自身が鏡の前で一人ひとりの潜在意識を感じながら、マンツーマンで言葉をかけながら行なうことで、様々な心の

視点とその体感を直に感じてもらうこと。それがこの「鏡のワーク」の真の目的だからです。

あなたも鏡に映る自分をイメージしてみてください。

鏡の中の自分を見つめた時点で、あなたはすでに自分以外は見えなくなるはずです。

「カメラに向かってポーズをとってみて」

と言われて、ポーズをとった時点で、そこに存在はしていてもあなたにはカメラマンのレンズに映っているであろう自分以外は、すでに見えていません。

同様に、後ろを歩いている助手と目を合わせた時点で、すでにあなたには助手以外のものはまったく見えなくなります。

最後、背後でボールを転がしたり、知らない人が歩いたり、私が動いているのを鏡を通して見た時点でも、あなたの目には、それら以外のものは映らなくなります。


ドイツの哲学者イマヌエル・カントの残した言葉にも、「自分という存在を意識した時点で、自分の人生は確かにある。しかし自分というものを自分で認識できなくなった時点で、人生は終わる」とあります。

カメラのピント合わせのように、あなたの視点が何かを見ようとし、その何かとぴったりピントが合った時点で、あなたはそれ以外のもの、自分をも見失ってしまうことになります。これが、「自分というものを自分で認識できなくなった時点で、人生は終わる」という実体です。

この「鏡のワーク」は、そういった実体験を通して、本書の【マインドの法則】の5段階すべての視点と階層を確実に体得できるトレーニングです。

一番最初の「鏡に映っている自分」を見るというのは、「もう一人の自分」という存在を認識する心の視点。これは、第1章でお伝えした「マインドチェック」の視点です。

次にカメラマンのカメラレンズに向かって、ポーズをとるのは、「もう一人の自分」を意識することで、実際の自分から離れる（自由になる）ことになる、第2章の「マインドセットアップ」の視点です。

そして背後に歩き出している助手と、鏡の中で目を合わせていくのは、他者を意識し、相手と視点を共有する、第3章の「リーダーシップマインド」の視点。

カメラマンのカメラのレンズを通し、映し出された自分の姿をイメージするのは、第4章の「プロフェッショナルマインド」の視点です。そして最後に、

「では、この部屋にいるあなたには何が見えていますか」

という問いかけによって、体験者のマインドにパラダイムシフトを引き起こします。

人は無自覚な自分の目が映し出す世界を感じ取ることができると、それまで見ていた世界を一気にひっくり返すほど衝撃的な体感を得ることができます。自らの心の「視点と視座」を変えながら、無限大に「マインド・ビューポイント」を引き上げることのできる心の視点の持ち主である、第5章の「マインドマスター・達人レベル」を創り上げていくのです。

様々に変化する心の階層を実体験として感じ取ることで、【マインドの法則】の5段階の視点を段階的に習得することができる、画期的なトレーニング、それがこの「鏡のワーク」です。

第5章
マインドマスター
そして最高の視点へ

人生のファインプレーは誰もが実現できる

ＭＬＢブルージェイズのアメリカンリーグ地区優勝を経験し、「メジャーで一番愛される選手」と地元メディアでヒーロー的存在となった川﨑宗則《かわさきむねのり》選手。

横綱白鵬を倒し、新入幕から関脇に昇進した嘉風《よしかぜ》関。

70代にして大手メーカーの名誉会長に就任し、企業の１００年先に向けて人材教育に尽力し、年商を３年連続引き上げ続けているＮさん。

転職面接で４社から内定をもらい念願の職に就いたＡさん。

３か月でマイナス10キロのダイエットを成功させ、念願の広報部長にも抜擢されたＴさん。

「女子プロゴルフカップ」のトーナメントで、念願の初優勝を飾った金田久美子《かねだくみこ》選手。

40代で独立し、会社を４か国に設立し、世界進出を果たして現在上場に向け乗り出したＳさん。

公認会計士として独立起業後、年俸を会社員時代から1年目で3倍に伸ばしたＫさん。

ＪＲＡ通算１００勝を達成し、重賞レースで念願の初勝利を挙げた丸田《まるた》恭介《きょうすけ》騎手。

営業成績を半年で10倍にし、念願の海外転勤を決め、現在ニューヨークで活躍するＹさん。

不登校を7年間も続けながら、いまでは生徒会長として活躍しているBさん。
社会人野球からドラフト1位指名、プロ1年目で最優秀新人賞（新人王）を獲得、「大物ベテラン新人選手」と称された石川《いしかわ》歩《あゆむ》選手。

これらの成果は、『マインドの法則』を出版してから、私のメンタルトレーニングを受け、それによって人生を劇的に変化させていった人々のものです。日々、メンタルルームにはこうした様々な分野の老若男女が訪れます。

トップアスリートも、大企業の経営者にしても、はじめから特別な能力があったわけではありません。皆、「明日を、自分の未来を変えたい」そんな想いでメンタルルームを訪れてきたのです。

私が彼らに伝えたことは、ただ1つ、自らの潜在能力の引き出し方、そして一人ひとり違う唯一無二のマインドの創り方についてです。

「夢は叶う」を実現させた石川選手

2014年の11月、石川歩選手が新人王を受賞したという喜ばしいニュースが飛び込んできました。

石川選手が「プロになりたい」とメンタルルームを訪れたのは、東京ガスの社会人チームでプレイしていた2012年の冬。最初の日に、私は彼に伝えました。

「1年後プロになりたいのなら、プロになるためのマインドではなく、今日からプロとして通用する一流のマインドを創り上げること。そのマインドは1年先の未来にとってではなく、まだプロになっていない〝いま〟において必要になる」

プロにスカウトされたいならば、プロになる前から、すでに一流の「プロフェッショナルマインド」を持つこと。球団が欲しいのは、即戦力になる選手です。プロになれる可能性のある選手ではなく、プロとして活躍できる選手です。対戦するプロ選手を負かすことのできる、プロが一目置くような風格のある選手です。それを、スカウトが来る前から創り上げていけばいいのです。

大切なことは、感動的なファインプレイの生み出し方です。そのために、プロ野球選手になるために何をするかではなく、「プロ選手として活躍するため」のマインドを創り上げることが必要でした。

彼の当時の様子を、あるスポーツ雑誌記者は記事の中でこう記しています。

「当時の石川はなんともじれったい選手だった。自分はまだそれほどの投手ではないと、自分の才能を認めようとしなかった。ある意味、頑固。もしかして、謙虚かもしれないが、いつも青白い顔をして、自分の足元ばかり見ながら、自分を否定し続けていた。

そんな石川が変わったのは、東京ガスの3年目。2013年になってからだった。春先に行なわれた大会のスタンドで彼を見つけたが、体を見て驚いた。彼に聞くと「5キロ増やしました」と言うが、「増えた」というのではなく、「増やした」という意志のこもった表現に、彼の変化がはっきり見えた。目つきも、投手らしい「オレ様」感が迫力となってあらわれていた。もう昔の彼ではない。その意味では近寄りがたい存在になっていたが、嬉しかった。

前年、当然指名されると思っていたドラフトで空振りになったことで、石川は一人前の選手へと変わっていった。昨年秋に行なわれた日本選手権では、左打者のヒザもとを襲うストレートに、社会人の腕利きの打者たちが逃げていた」

この記事は、彼がドラフト1位指名される以前、つまり、まだプロになっていない段階で書かれたものです。彼はメンタルトレーニングによって、プロになる前から、すでに一流の「プロフェッショナルマインド」を創り上げることを体得できていたのです。

多くの場合、プロからスカウト指名がきていない段階で、「自分は一流の選手と思うか？」と問われれば、当然「いや、自分はそこまでの投手ではない」と答えるでしょう。私は彼に、「近い将来、一流になりたければ、〝いま〟一流の選手であること。そう思って〝いま〟投げていなければスカウトはやって来ない」

そう伝えました。プロになって「プロフェッショナルマインド」が創れるわけではなく、「プロフェッショナルマインド」を持っているからプロになれる。問われるのは、「潜在意識がプロになっているかどうか」なのです。

彼は見事に２０１３年のドラフト会議で、巨人、ロッテからドラフト1位指名され、ロッテマリーンズに入団が決まりました。

プロの契約を取れた時点で石川選手は、「こんな僕でも、夢を持っていればプロ野球選手になれる。これからが勝負です。次に向けて頑張ります」と伝えてくれました。その言葉通り、石川選手は翌年、プロ1年目にパ・リーグ最優秀新人賞を見事に獲得したのです。

やりたいか、やりたくないか、どちらかしかない

起業、経営の世界、ビジネスの世界も同じです。

私が伝えるのは起業の仕方ではなく、起業後の、一企業としての社会貢献の在り方です。それを起業する前から創り上げることが重要です。「起業できていない現実の自分」ではなく、「起業して世界を飛び回っている未来の自分」を起点とし、想定外のビジョンを創り上げてしまうのです。

未来を変えるコツは、いま手に入っていないことのために、毎日どれくらい熱くなれるか。いつか「手に入れたい」と願うのではなく、もうすでに「手に入れている」自分で「いま」を生きるのです。すると潜在意識が動き出します。

「ないのに在る」つもりでやること。誰も信じなくても、はじめの1歩は、まずはあなた自身が自分の未来を信じられるかどうかです。そのマインドを徹底的に創り上げること。ある意味、これは「狂」であり、クレイジーなマインドともいえます。

あなたの人生は、あなたのものです。

あなた以外の何者も、あなたの人生の主人公にはなり得ません。

だからこそ、人生を劇的に変えたいと本気で思うならば、問われるのは「自分に何ができるか」ではなく、「自分が本気になれるかどうか」です。「やれるか、やれないか」ばかりを気にして、「やりたいかどうか」を後回しにしてはいけません。そのときは「まだできていないこと」「できるかどうかわからないこと」も、まずは「やってみせる」と自分自身に宣言してみるのです。そうすることで、その瞬間から、人生は劇的に動き始めるのです。

私自身、この自問自答をいままで大切にしてきたことで、これまで本当に多くの感動を得ることができました。

『マインドの法則』は、まさに私の未来への宣言でもありました。

「まだ見ぬ読者の潜在意識に働きかけることのできる本を書きたい」

そんな尋常ではない壮大なミッションを、できるかどうかではなく、ひたすらに書き綴ったのです。そしてまた、本書が「いま」の私を突き動かす「未来のパス」になっているのです。

「一人残らず劇的に変える」というミッション

「まだ一度も出逢ったことのない読者の人生を変える」

「潜在意識に働きかける言葉を読者に届けたい」

そう綴った当時の私が出した大それたミッションが、その後の私を突き動かしました。

それは無意識の中に眠る［want］でした。それはあるとき不意に沸き起こるものです。

ある日突然出くわすのです。自分が自分にドキッとする、そんなイメージです。自分の中の潜在的な力が、総力を挙げて動き出してくれるイメージです。

「どれだけのことができるか」よりも、自分のマインドにフォーカスを当て続ける。「できるかどうか」ではなく「やりたいかどうか」。未来に意識を向けるのは、いつだって自らの［want］のエネルギーだけです。

「幸せになりたい」と願う人はたくさんいます。けれども「幸せになる」と決めている人、そのための覚悟を持った人間はそうはいません。

「劇的な変化が、私の人生にも起こるでしょうか」

とトレーニングをスタートする前によく聞かれますが、私はそのたびにこう言い続けています。

「変化が起きたらいいな、ではなく、変化は起こすもの。まずはいま、未来の自分を信じるところから始めていきましょう」

「人生を変えたい」という訪れた人に、一人残らずパラダイムシフトを起こさせ、「自分の人生が最高だ！」と叫びたくなるような本当の自分との出逢いをしてもらいたい。

それこそが私自身の「ｗａｎｔ」でもあり、何よりの原動力となっているのです。

引っ込み思案から生まれた「マインド・ビューポイント」

実のところ幼少期の私は、人前に出ることが苦手で、体も弱く、親を手こずらせるほどの引っ込み思案でした。そんな私がなぜ、劇的な変化を遂げられたのか。それをお伝えしたいと思います。

親が手を焼くほど人見知りの激しかった私に、母はバレエを習わせました。当時の私にとって、稽古で鏡の前に立つことも、先生や生徒さんの前で踊ることも、ましてや舞台に立ち観客の前で自分を表現するのは、ある種の拷問のようなものでした。

けれど、はじめは泣いていた私も、数か月経つと振り付けを覚え、皆と一緒に踊れるようになりました。いつの間にか、苦痛でなくなったのです。もちろん当時は、そのような変化を上手く言語化することはできませんでした。ただ「楽しくなってきた」という感覚だけでしたが、実はこれが私の自意識のコントロールの始まりでした。

最初の頃、鏡張りの教室で、人前に出ることさえ苦手だった私は、先生や生徒さんの視線が飛び交う状況で、自意識を過剰に強めていきました。ところが課題を習得していく過程で、自分自身の状態に意識的に気づくことができれば、自らの欠点や問題点を発見することができます。そして自ら修正していくことができるようになります。

私は、どうにもならない自意識から脱するために、「マインド・ビューポイント」を引き上げるという、言語化できない感覚をそのとき体得したのです。

当時の私にとってバレエの稽古は、そうした潜在能力を引き出さずにはやっていけないほどの試練、環境だったのです。

「あがってしまう」マインドは克服することができる

バレエの稽古では、上手く踊るためにまず鏡に映る自分、つまり観客にどう映るかという視点をいつも持つことが必要でした。

それこそが、意識しないと見えてこない「無自覚な心の視点」です。その意味でバレエの稽古はいくつもの心の視点を習得するという、体感トレーニングに自ずとなっていました。

鏡に映る「自分の視点」と、鏡越しに自分を見る「他人の視点」、そして「無自覚な自分の視点」の3つの視点。舞台が近づくと、稽古中は目の前にあった鏡に、緞帳《どんちょう》という分厚いカーテンが引かれ見られなくなります。いつも映し出されていた自分が目の前から消える。その瞬間、踊り手の内側にパラダイムシフトが起きます。

稽古のときに鏡越しに感じていた視点＝「観客の視点」は、完全に消し去られてしまうからです。そのため、それまでに稽古を通して「無自覚な視点」を体得できていないと、かなりの動揺が生じてしまいます。それを私自身、何度も体験しました。

鏡を頼りに踊っていた子は、鏡の前のカーテンを閉められると頭が真っ白になってしまう。自意識のコントロールが崩されてしまう感覚です。その状態が「あがる」マインドを生み出していました。

振り付けは頭に入っているのに、いつも通り踊れなくなる。鏡を自分のリアルな目、「自分の視点」だけで見ながら稽古していると、鏡がなくなると平常心を失ってしまうのです。

スポットライトは自分のためだけではなく、同じ空間を共有する観客の感動、そして全体を俯瞰して演出をする監督にとっても、必要不可欠なもの。音楽も、舞台装置やメイクや衣装もすべては、皆が求めてやまない「無自覚な美」のためにあります。それゆえ同じ演目を同じキャストで何度観ても、観客は毎回感動するのです。

その世界に身を置くことで私自身が体得したものは、「リアルな自分の視線」「自分の内側にある無自覚な視線」「全体を俯瞰する達観する視線」という3つの視点。この3つの視点を持つことではじめて表現できる「無自覚な美」を、私はバレエを通して体感的につかみ取ることができたのです。

3つの視点を同時に感じながら、踊るために必要なもう1つ上の心の視点「スーパー・マインドビューーポイント」を、同時並列に体得するトレーニングになっていました。

1つの空間には無限の視点や視座がある

その後、私はバレエという舞台芸術の世界から、カメラの前で等身大の自分で表現するモデルの世界へ身を置きます。

その後の、人間の感情や人生を体現する俳優の世界に身を置くことで、空間の中にいくつもの視点と視座が存在することを、いつしか感覚的につかみ取ったのです。それこそがまさに「マインド・ビューポイント」であり、心の視点を引き上げるという〝心の業〟といえます。

物理的次元で自由自在に飛び交う人間の視点、そして人間の意識を操る「無自覚な美」の世界を創り出す側の「視点と視座」、それらを表現者としてマスターできたのです。

「1つの空間にたくさんの視点や視座がある」ことを体感して生まれた〝心の業〟は、まさに、現在の〈マインド塾〉での体感トレーニングの礎となっています。

どんな状況に陥っても、リカバリーできるマインドを創る

私はよく、【マインドの法則】を実践する体感トレーニングを、車の運転にたとえてお伝

えします。

車を乗りこなすには、実際に車を動かして車幅や距離感、スピードやブレーキを踏むタイミングの感覚を体得する必要があります。様々な感覚を実際にライブに感じ取って、自分のものにする必要があります。

路上訓練は、それまで学んだ知識を体感的に落とし込むトレーニングの場です。頭でわかったつもりでも、実際に路上で運転すると、それまでの感覚とは違うことが多々起きます。仮免許をもらってどんどん乗りこなしていかなければ、免許を取得できたとしても、思うがままに運転できません。

いくら教則本を読み、知識として頭に詰め込んでも、ドライブは楽しめません。自由自在に運転ができることとは、別次元です。必要なことは、試験に受かるための、免許を取得するための勉強ではなく、快適に乗りこなせるようになる体感トレーニングなのです。

運転を楽しめるようになるまで、トレーニングを積むことが重要です。メンタルトレーニングも同じです。

『マインドの法則』が人生を謳歌する極意を綴った教則本だとすれば、〈マインド塾〉などの体感トレーニングの場は、潜在能力を引き出すための教習所といえます。

久瑠式メンタルトレーニングは、1つひとつの問題の対処法を伝えるのではなく、どんな問題が起きても、どんな状況に陥っても、自力でリカバリーできるマインド力をその人の内側に創り上げることを目的としています。

そのためマニュアル的な知識を伝える、いわゆる「形式知」ではなく、感覚的な体感を通して伝えていく「暗黙知」を大切にしてきました。

「形式知」とは、すでに形や数値となって表に現われ、誰にでも認識が可能で客観的にとらえることができるパターン化した顕在的アプローチのことです。

「暗黙知」とは、一人ひとりの体験に根ざす信念、ものの見方、価値システムといった無形の要素を含んだ、言語化されていない状態への潜在的アプローチのことを指します。

この「暗黙知」を体感トレーニングで伝えるために必要な〝心の業〟を体型化したモデルが**【マインドプロセスデザイン】**なのです。

「マインドの法則」に〝法則〟はない

【マインドの法則】は、人間のマインドが「主」で、法則が「従」です。

人間のマインドの数だけ、【マインドの法則】はあり、順応的に適応されていくものです。法則に縛られるのではなく、法則を各々の人生で活用していくことが、何より重要なことなのです。【マインドの法則】を実践していただく際に、私はこの点を強くお伝えしています。

「法則通りにすれば、人生は変えられるのか」

「どうしたら、その通りになるのか」

と、人はすぐに形式知である方法論に、自分を当てはめようとします。頭で理解したがる生き物だからです。

前著の刊行から私は50冊ほどの本を執筆しましたが、「これが正しい。この通りにせよ」というルールやマニュアルを主にして書いた本は1冊もありません。

方法論として説明できるほど、人間の潜在意識のスケールは小さくありません。潜在意識の法則を、暗黙知として伝える体感トレーニングの意義は、だからこそ非常に大きいのです。

『マインドの法則』が、なぜ読んだ人の潜在意識を動かし、人生を劇的に変えることができたのか。それに答えるために、新たに綴ったものが本書です。

「トレーニングを始めたときは、頭でばかり考えていました。でもあるとき、これか！　と感じられました。自分のマインドに何が起こったのか、言語化することはできません。でも、【マインドの法則】と出逢って、自分の人生も変えたい！　そう思い、トレーニングを受けているうちに、人生を楽しめるようになりました。別居状態だった妻や不登校だった子供との関係がよくなりました。そして仕事では昇進し、年俸が想定以上にアップしました。何よりいまは自分の未来が楽しみで仕方ありません」

これは〈マインド塾〉の塾生であるCさんが、初めてトレーニングに訪れた方々の前で、自身の体験を伝えてくれたときの言葉です。毎月の〈マインド塾〉では、トレーニングによって自らの人生を劇的に変えた塾生の喜びの言葉が、飛び交います。

未来をどのように変えてきたのか。「奇跡」をどう起こしたのか。この本は、そんな変化を次々に起こしてくれている彼らに行なってきた実践トレーニングの、まさに実録です。

それらを通じて断言したいのは、こうした「奇跡」は何も特別なことではなく、どんな人たちにも、何よりあなた自身にも、必ずその「奇跡」は起きるのだということです。

潜在意識の「自分」との出逢いが最高の自分を創り出す

『マインドの法則』の読者の方々と出逢う中で、私が最も強く感じたことは、**多くの人はまだ本当の「自分」と出逢っていない**ということでした。

日々、トレーニングに訪れる方と向き合っているとき、私は一人の人間ではありますが、相手の心を映し出す鏡のような役割も担っています。心の鏡に映し出し、無自覚な潜在意識にアプローチしています。

私は、「私」という心の鏡を使って、相手の無自覚だった心を映し出します。すると、相手の方の内側には、もう一人の自分という視点が生み出され、達観的な「気づき」、無意識的な「自覚」を瞬時に生み出すのです。

それが私のパーソナルトレーニング。即興で生まれたワークや、〝心の業〟のベースです。

相手の心が私の鏡に映し出されることによって、その人が「もう一人の自分」とはじめて出逢う。これまでの自分ではなく、もっと「何かをしでかしたい自分」、勇ましい自分との出逢いです。本当の自分に出逢ったことで、はじめて人は無敵のマインドを持ち、史上最高の自分を創り出せるのです。

人間は限界を超えるために生まれてきた

人間は誰もが、「孤独」を感じながら生きています。

孤独とは生きることと隣り合わせ。この世に生まれ落ちた私たちの宿命です。

そもそも人間は誰しも産声を上げ、母親の胎盤の中から、限界を超えて生まれてきました。たった一人の「共存者」であった母親が、ある日突然、最初の「他人」となります。母親とあなたをつなぐへその緒を切られた瞬間から、あなたは「個」として存在することになります。それは親からの突然の独立であり、人としての「孤独」の始まりです。

多くの人は孤独を恐れます。しかしそれは何も特別な危機ではありません。たとえ孤独に襲われることがあっても、真正面から受け入れられるマインドを創り上げればいいのです。

孤独を平常心で扱えるよう、日々の中でトレーニングしていくのです。潜在意識に眠る自らのルーツをたどること。それは、独りよがりな孤独から、人が脱皮する最短で確実な道です。その道こそが、あなたの人間としてのスケールを拡げ、器そのものを大きくしてくれるのです。

「孤独」を知ることで人はもっと強くなる

「孤独を味わう」という言葉があります。

自分の内側にすでにあった孤独感に気づくことで、「個」という自意識を強くする。〝刹《せつ》那《な》〟がそこに生まれます。

「マインド・ビューポイント」を引き上げると、自意識は和らぎ人と人のつながりを感じられるようになります。そうした目に見えないけれど確実に存在する人生の喜びや感動を味わうために、人間は「生」を授かったのだと実感できるようになります。

それが「愛」に通じます。そして、その愛を学びとるため私たちは、個として存在し、孤独とともに泣きながら生まれてきたのではないかと、感じずにはいられません。

トラウマにさえなりかねないほどの強烈な「別れ」と「出逢い」を、私たちは「誕生」の瞬間にすでに経験しているのです。もしかすると、人が大人になったいまでも孤独を感じるのは、そうした遠い過去の記憶が、潜在意識の中に関連しているからなのかもしれません。

最高の友人がいても、素敵な恋人がいても、夫や妻がいて、親や子がいても、同じことです。人と人とは、どう結ばれようとも、「個」と「個」として存在しているだけなのです。

恋人や配偶者との別れは、必ず訪れる。もともと、はじめから人は一人なのです。この世に生まれ、死を迎えるまで、それは変わりません。

大人になる段階で、「自立すること」を誰もが余儀なくされます。経済的自立、精神的自立という成長過程で、人は「甘えてはいけない」「独りで頑張らなければいけない」とさらなる孤立を強いられます。

けれど「甘えること」ではなく、「委《ゆだ》ねること」ができるようになると、人はもっと楽に生きられるようになります。依存することと、寄り添うことは違います。寄り添うことには「信頼＝ラポール」が存在しています。ベースが「個」なのか、「対」なのかの違いだけ。「個」と「個」が互いに信じ合うことで「和」が生まれます。

そこでカギとなるのが「マインド・ビューポイント」、心の視点なのです。

心の視点を引き上げることは、人間が生きるうえで逃れることのない「孤独」から解き放つ、唯一の術でもあるのです。目に見えない「愛」「絆」といった人と人の「間」に生まれる、目には見えない「何か」に価値を感じられることで、誰もが人間の心と心のつながりの連鎖を感じ取ることができるようになるのです。

孤独感をやっかいものとして扱ってはいけない

孤独は、誰の潜在意識にもすでに在ります。

たとえ社会や人とつながり、どんなにたくさんの人脈を持っていても、決してなくなるものではありません。だからこそ、すでにある孤独を自分の一部であると受け入れてみることです。受け入れることで、世界と自分との尊いつながりを新たに感じられるようになります。

孤独感の存在をやっかいなものとして無視したり、よくないものとして扱わないことです。そこを拒絶すると、本当の自分が見えなくなり、何がしたいのかもわからず、やがて自分を見失いかねません。

目に見えるものだけを信じていると、いつか必ず「失う」という喪失感がやって来ます。手にしたモノはいつか手放すときがやって来ます。そうした無自覚な恐れを、人間は細胞レベルで記憶しています。だからこそ「孤独」に対するネガティブな感情を、人間は〝抗体〟として潜在的に持っているのかもしれません。そのため人は、人とのつながりを無意識に求めるのかもしれません。

繰り返しますが、「孤独感」という一見不都合な感情を、決してやっかいものとして扱わないことです。それを乗り越えてこそ、生きていく真の喜びを痛烈に感じられるようになります。

潜在能力を引き出せば、分野を問わず活躍できる

孤独感とは、人の心の根幹的なところに在る、外しようのない心の一部、つまり基盤でもあります。

大人になればなるほど、現実と在りたい自分、つまり「本当の自分」と「偽りの自分」との間にズレが生じ、やがて「自分が自分をわからなくなる」のです。そして、その状態は知らず知らずの間に、どうしようもないほどの断絶をも生み出します。結果、自己喪失「アイデンティティ・クライシス」、いわゆる自己崩壊へとつながっていくことも少なくありません。

どんな建物でも、土台と基盤づくりは大切です。高さがあればなお一層の深さの柱が必要です。心においても同じこと。視点を高く引き上げることで、奥行きが生まれるのです。孤独感と幸福感は、人生の奥行き、スケールを拡げてくれる、あってしかるべき人間の感情なのです。

心の視点＝［マインド・ビューポイント］を高く引き上げること。それは物事を立体的にとらえることにつながります。自らを照らすマインドスポットライトを高く高く引き上げることで広範囲が照らされます。それにより、人間は自分の外側の世界にある目に見えない無数に存在する潜在的な「何か」を感じ取ることができます。そこに「未来」という意識が生まれ、「希望」や「勇気」が可能性を無限に拡げてくれるのです。

それゆえ久瑠式トレーニングでは、目に見えていないものをどれだけ感じ取れるか、その感性を磨くことに注力するのです。

感性の豊かなマインドを目指す。

感じる力があれば、潜在能力を発揮できるからです。

心の視点を引き上げ、９割の眠っている潜在能力を引き出せば、分野を問わずあなたはいま以上に活躍することができるようになります。そう信じて間違いはありません。

私自身、そして多くの人の人生の中で見出した法則や確信的なこうした真実は、皆、実践した人々の人生そのものが確証してくれています。そして何より、あなたの人生も同じように劇的に変わる、そう信じる勇気をどうか持ち続けてください。

1秒の迷いがすべてを台無しにする

真面目な人ほど、自分の人生を「自分事」として受け止め、自意識過剰な生き方をしてしまいます。いい加減に生きることができないからです。

例えば人に何か頼まれごとをすると、「時間がないのでちょっと難しいです」とすぐさま答えてしまう人。「わかりました！　やってみます」と躊躇《ちゅうちょ》なくクライアントに言えるかどうか、実はそこを試されているのです。

こういうケースでは、どうでしょうか。イメージしてみてください。

あなたは東京のオフィスにいて、お昼に突然、「今日、急遽打ち合わせをしたいから、大阪まで来てくれないか」と、仕事先の顧客からメールが入ったとします。

あなたなら、どうするでしょう……。

「いまからは無理だろう」

そう思うでしょうか。相手が希望しているのは、大阪でミーティングしたいということ。クライアントをあなたがどう扱うかで、選択は変わってきます。多くのケースでは、「これから大阪に行くのは無理」と、単に現状の自分の物理的状況だけで、主観的に判断して答えてしまいがちです。

結果的には、顧客に対して、「なんとかしよう」ではなく、「何がどう無理なのか」の説明をしようとするのです。その時点でクライアントは、もはやあなたを〝特別な相手〟としては見なくなるのです。頭で理解する顕在意識では納得はできても、肝心な9割以上の潜在意識は理屈を理解できずにいるからです。

けれど、新幹線の最終便に飛び乗るというプランでもいいのです。「最終便で行けます」と先方に対して答えたならば、あなたのマインドはすでに「プロフェッショナルマインド」の状態にあります。

「○時にはお伺いできます」と、まず先方にメールで返信することで、今度は、相手がこちらに応えることになります。相手からメールをもらった時点では、顧客はあくまであなたに、「お伺い」を立ててくれているのです。現実には「できるかどうかわからない」ということ。だからこそ、そのときあなたはどうするか……。それが試されています。

求められているのは、先方の要望にベストを尽くすことです。

ベストとは、**無理をやるということ**。できる範囲内でやることはベストとは呼びません。

最終便に駆け込み、相手と会うためにとにかく現地に向かうということが、限界へのチャレンジです。先方は「来てくれないか」と言っているのですから、「あなたに予定が入っているかどうか。来られるかどうか」と聞いているわけではないのです。

「来てほしい」というオーダーに対して、「やってみます」とまずは答えること。これが人生に「イエス!」を言うという在り方でもあります。

「できない」「行けない」「無理です」と、ブレーキを踏むことは簡単です。世間には「気持ちだけ……」という言葉がありますが、実はそこにはそもそも「気持ちはない」のです。気持ちがないから行動がともなわず、なんとかしようと思ってはいない。つまり、「何か」するつもりはないのです。それが何もしない人の潜在意識の声なのです。

「申し訳ありません」とまずは答え、言い訳の言葉にしないのがプロフェッショナルの覚悟の見せ方です。「急いで新幹線に乗りますので、明日の朝ミーティングするのはいかがでしょうか。少し遅くなりますが、どちらかでお会いできますか」と提案するのです。

「明日は、お昼には東京に戻らなければなりませんが、朝のモーニングをしながらの打ち合わせなら可能です。いかがでしょうか」

と相手に打診することも可能です。なんとかしたいと「want」で応えれば、様々な代替え案が沸いてくるはずです。「イエス！」を選択して動き出す人は、相手の人生に関わり続けられる、つまり運命共同体となります。「なんとかします」という思いに、今度は相手がその気持ちに応えてくれるようになります。

相手の未来の時間には、あなたに対する優先順位が繰り上がり、相手があなたのために予定を変更してくれるかもしれません。仮に明朝は先方にすでに予定があり、どうしても変更できなかったとしても、今度は相手があなたの予定を聞いてくれるはずです。その時点であなたは、相手にとって他の誰よりも優先させるべき人になったのです。

私自身はこれまで、どんなときでも「まずは、イエス！」の生き方を貫いてきました。「その人と仕事をしたい」「その人との時間を大切にしたい」と思うならば、当然「なんとかする自分」で在りたいからです。

平常心でさらりと「イエス！」が言える自分になれるかどうか。そこに1秒の迷いも必要ありません。やると決めた相手に対して、私はいつもそのように対応してきました。

一流の人の人づき合いは優先順位が瞬時に入れ替わる

「今日は、どうしています？」

顧客にいきなり当日こう聞かれたとき、通常は「今日は○○をしています」と自分の予定や都合を伝えるでしょう。

けれど、これでは一流の人とのつき合いは途絶えてしまいます。

相手は「今日、時間がつくれるよ」と知らせてくれているのです。一流の人はいつも走りながら何かをしています。未来を動かしながら、「いま」を生きています。誘いのタイミングが今日の今日であっても、少し先の未来にパスを出しています。だからこそ、あなたも、その少し先に出されたボールに対し、自ら走り込んで取りにいかなければ、パスをつなげません。パスがつなげなければ、ゴールを決めることもできずに、やがて選抜メンバーから外されるでしょう。

一流の人は、超高速のテンポで、いつも同時並列に物事を進めているので、相手の「前のめりのリズム」にこちらが乗れるかどうかが別れ目になります。逆に言えば、こうしたリズムで生きている人はごく少数なので、あなたがそのリズムに乗ってギアを入れさえすれば、相手から大切にされるはずです。

「今日は、どうしています？」と聞かれたことに、自分の目線で答えてしまっては、先がありません。その時点で相手とはズレが生じます。あなたの予定が入っているかどうかなど、相手はあなたの秘書ではないのですから、聞かされても仕方ないことです。あなたの事情を聞いている時間など、相手にはないのです。あなたのために時間を空けるかどうか。「今日自分と会うこと」をあなた側も望むのかどうかを並列で聞いているのです。

たとえ予定が入っていても、「ちょっと調整させてください」「なんとかします」とすぐさま言えるかどうか、なのです。「それでは相手の都合ばかり優先してしまう」などという思いは一切捨てて、不要なプライドを持ち込まないことです。超高速のマインドレベルである一流の相手に対して、駆け引きや、巷《ちまた》の社交マニュアルなど通用しません。

あなたが一流の人とのつき合いや、1ランク上のクライアントを獲得したいと思うのなら、返事はまずは「イエス！」です。

味方の出してきたパスに対して、それがどんなボールだろうとまずは走り込むことと同じ。様子見をしている余裕は、低い次元です。「調整してから」と別のアポとの兼ね合いに囚われている間に、あなたがその人と会うチャンスは刻一刻と消えていきます。未来の予定を決めるのは自分自身です。未来という時間の扱い方で、一流かどうかが試されているのです。

あなたが出したパスに対し、一流の人たちは、秒速で調整を行ないます。迷ったり考えたりしていては、あなたは相手にとって決められない人、ピンとこない反応の悪い人になってしまいます。それでは、そもそもお互いのリズムが合わないので、その後のつき合いが常にタイミングを外すようになります。お互いやりづらさだけを感じてしまう。相手は、自分と同様、秒速の直感で動く人間にこそ価値を感じるのです。

人のつき合いは、どうしても優先順位があります。

一流の人たちは、特定の人をことさら嫌うようなことはしません。ただ相手が自分にとって優先順位が高いか、低いかです。

けれど、自分の突然の誘いにも飛び込んでくる人に対しては、大物と呼ばれるような各界の一流人は、しっかりと受け止めてくれるものです。秒速で優先順位をつけ、決して無視はしません。それが大物と呼ばれるゆえんで、スケール、器の大きさの証明なのです。

有名であるかどうか、いくら稼いでいるかどうかは関係ありません。大物は、つき合う相手のスケールの大きさを測りながら、つき合うかどうか、つき合っても優先順位をどうするか、決めています。相手と自分のスケールの大きさが合っているかどうか。度肝を抜くダイナミックな生き様でパフォーマンスができるかどうか、そこに主軸を置いているのです。

目に見えないものを感じる最強の力、それは「愛のチカラ」

〈マインド塾〉に参加している塾生のKさんが、心の視点「マインド・ビューポイント」の引き上げを体験した帰り道に起きたエピソードについて皆に伝えてくれました。

「塾での体感ワークで生み出せた自分の「マインド・ビューポイント」の余韻で、なんとなく高いところに登ってこの感覚を自分のモノにしておきたいと思って、渋谷のスクランブル交差点全体を見渡せる場所でしばらく時間を過ごしたんです。そうしたら覚醒したように、スローモーションで一人ひとりが動いているように見えてきた瞬間、じわっと込み上げてくるものがあって、なんだかとても優しい気持ちになれたんです」

Kさんは、体感トレーニングを始めて、内側に生まれている新たな感覚を強烈に感じはじめていました。

「大勢の人が行き交う交差点で、何百人の人混みの中、何十メートルも離れたところで、ハンカチを落とす人がいるのが見えました。いえ、そう感じられたんだと思います。ただ、そんな自分に自分が感動してしまって、いつもの自分なら面倒だし声をかけることに抵抗を感じてやり過ごすところですが、気づいたら駆け出していて、その人に『落としましたよ！』って教えてあげていたんです」

Ｋさんの行動を変えたのは、いったいなんでしょうか。

それは彼自身が体感トレーニングによってつかみ取った「マインド・ビューポイント」から生まれた「無自覚な美意識」です。心の視点が高まると、自分を取り巻く、それまで意識できていなかったすべてのものと共に存在しているということを感じられるようになります。それまで見えていなかったものが意識され、すべての存在を大切に扱うようになる。その核となるのが、自分という存在が確かなものになることではじめて気づくことのできる、潜在的な〝愛〟です。

目に見えないものを感じる最強の力、それが愛です。

愛によって「共存」するということを体感として、感じ取れるようになります。それが秩序であり、社会的なモラルになる。一人ひとりがこの体験をすれば、「平和的共存」を求めてやまない社会が誕生するのではないでしょうか。

多くの人は、そうした潜在的な愛を自分の内側にすでに持ち得ていることに気づいていません。その力に気づくことで、無限に活用できるのです。

自分を最後に救うのは、究極、自らの「愛」です。誰かから与えられるものではなく、まして奪うものでもありません。自分の外側の世界に落ちている愛をいくら拾い集めたところで満たされることなどなく、いつしか自分を見失うだけです。

個人個人が別々に存在していても、「いま」という時間的空間の中に「愛」はちゃんと存在していて、あなたという存在もまた、そこにちゃんと組み込まれています。その人と人との連鎖を感じられ喜び。それこそが潜在的な愛であり、究極の人間力の核となるのです。

パラダイムシフトを起こす空間と時間を創り出すトレーニング

北海道へ出張に出かけた、帰りの飛行機の中でのことです。

久しぶりの夜のフライトで、その日は偶然、窓際の席に座っていました。

何気なく外に目をやった、そこには一面の雲海が拡がっています。雲海を幻想的に照らしていたのは、真っ青な満月です。

「凄い……」と、私は思わず身を乗り出しました。

「今夜はブルームーンが見えるはず」、ちょうどその日の朝「月が地球に一番近づく日」という新聞記事を目にしたのを思い出しました。

それはまるでどこまでも続く水平線、夜の海のようでした。見渡す限り一面、月に照らされて揺れ動く雲海。月と雲、それ以外何1つない世界。まっすぐに輝く月の光が、神秘と呼ぶにふさわしい空間を創り出していました。

その月明かりが創り出す風景の中に包まれながら、気づくと私は月光の世界を、人間の潜在意識の世界に重ね合わせていました。

「これこそ〝希望〟そのもので……」

ブルームーンに照らされている光景が、私の内側にパラダイムシフトを起こしたのです。

「〝感じる〟とは、こういうことなのだ」。人間が何かを感じている瞬間というのは、その対象もそして自分においても、この月明かりに揺らめく雲海の光景と同じで、1つとして同じ瞬間などない。けれど私が雲の上で見たブルームーンが注ぐ月の光は、まさに〝希望〟そのもの。突き刺さるように、そう感じたのです。それこそが私の内面においての真実、そして感動を生んだのです。月は圧倒的なスケールでそこにただ存在している。何かをしようとしまいと、私が意識を向けることで、その存在は無限の〝希望〟を与えてくれる。人間の喜び、憂い、哀しみ……、その姿が消えるまで、月は私を静かに揺さぶってくれていました。

まさに言葉はいらない世界でした。目にした瞬間、その光に触れた瞬間、潜在意識を揺さぶる。そこには〝希望〟しかないのです。深く厚そうで、実はそうでもない。そこに在ると思えば、一瞬にして消えてなくなる。

人間の心というのもまた、雲のように晴れたり厚くなったりします。厚くなれば悩みとなり、やがて苦しみという感情を生み出すのです。逆に光が射せば、喜びという感情が沸き起こります。

それ以上に感じられる喜びなんてありません。機体が進みその景色が眼光から消えていく瞬間、言葉にならない「有り難う」という想いが込み上げてきました。

誰もがどこかで、不確かな未来に漂う不安定さを感じて生きています。

ときにどこまでも拡がるその世界を恐れてしまいます。それゆえ、人は自らの存在を小さく感じてしまい、無意識に限界を創り出してしまいます。

希望を感じる力は、人によってもちろん違います。突き刺さるように光り輝く月をどう感じるのか。それによって、自らの希望を常に抱ける人と、そうでない人との各々の人生において、その差が生じるのです。だからこそ自分自身でその力を磨き上げていくトレーニングに意味があるのです。

心の視点を引き上げること。

雲の上を目指すこと。

そこに希望しか存在しないことを知ることができた瞬間、同時にそこにただ存在する〝愛〟を感じました。日光が降り注ぐ自然界の壮大で神秘的な「無自覚の美意識」が、私に大きな感動を与えてくれました。

そこで感じたすべてが、これまでの経験（過去）、いま自分が向き合っていること（現在）、そして未来へと、自分が成し遂げたいことをつなげてくれたのです。そのとき、すべてが肯定されていくような体感を創り出す、無限の〝愛〟を感じたのです。

「ブルームーン」の月明かりが創り出した世界のように、そこに入り込むだけで、誰もが勇気をもらい、体すべてがチャージされるような感覚を味わえる空間。そして、いままで信じてきたものが、ひっくり返るほどの感覚を体感する時間。そんなパラダイムシフトを起こす空間と時間を創り出すトレーニング。まさに心の階層をあの瞬間にまで一気に引き上げるトレーニング。

「それをこの先の人生でやっていきたい」

柔らかな雲海の上で、私の覚悟のギアが自然と入った瞬間でした。

いつでも、自らの感動が起爆剤となり、覚悟が決まる。それらは意図的ではなく、無意識の中の暖かく柔らかな時間の中で起きるのです。

「スーパー・マインドビューポイント」を体得するとパラダイムシフトが起こる

「〈心の実学集中セミナー〉の2日目を終えた帰り道、不思議な体験をしました。通り過ぎる人とすれ違いざまに肩が触れたり、ぶつかったりすると、いつもは舌打ちする気分になるのに、そのときはまったくイライラしませんでした。それどころか、この人も急いでいるんだな、頑張ってほしいなと、応援したい気持ちになったのです」

その女性の参加者は、

「ぶつかってこられたのに、なぜか気分がよかった」

とまで言いました。彼女はわずか数時間の間に、これほどの変化を遂げました。「鏡のワーク」（第4章末）という実践ワークで、心の視点と視座を変え、自らのマインドに起こるパラダイムシフトを経験しただけです。上がったり下がったりする「マインド・ビューポイント」を体感できたことで、すべてを平常心で受け止められるマインドにセットアップされたのです。

自らの心の視点が引き上がると、自分という存在だけでなく、すれ違う他人も同時にそこに存在しているということを感じられるようになります。

1つの空間を共有しているという、感覚が芽生えます。存在しているすべてのものを包み込むような、ふわりと引き上がった心の視点、それこそが「スーパー・マインドビューポイント」という、もう一段上の心の視点です。

これは、たとえるなら月や太陽のような視点です。一人ひとりの人生を大切なものとして受け止められる、自分の内側には無限の〝愛〟が溢れているというマインドポジションです。

自らの愛によって心が高く引き上がっていくと、その最高に高まった視点［スーパー・マインドビューポイント］から見る光景の中に、ちゃんと「自分」は存在していると体感することで、自分を取り巻く様々な人々もまた、大切な自分の時間を過ごしているということを、日々の中においても誰もが実体験として感じられるようになれるのです。

一人の心の変化が、組織、社会を変えていく

一人の人間の心の変化で、組織の大変革を起こすことも可能です。組織やチームは、人と人が密に連鎖し合うため、一人ひとりの心の在り方がとても重要なカギを握っています。

人間は「個」として、それぞれが別々に存在しています。一人ひとりがきちんと「個」として存在していることを自覚することで、想定外の連鎖を生み出すことができます。

心の視点［マインド・ビューポイント］が高まっていくと、世界と自分がつながるという感覚を持つことができます。世界の中で一人ひとりが、「自分」という存在を確かなものにできたならば、自分も他人も分け隔てなく感じられるでしょう。それこそがマインドのパラ

ダイムシフトです。

一人の心の変化は組織を動かし、やがては社会を動かす。

その最初の一人に、あなた自身がなると、「いま」決めてみてください。

そこに微塵の疑いや迷いを入れることなく、「Ｙｅｓ」と言えるでしょうか。それがあなたの明日を変え、誰かの未来をも動かします。あなたのそうした在り方が、世界を変えていくことへとつながっていくのです。

そうした人と人との心の連鎖は、やがては社会を変動させていく。その連鎖の中に自分も取り込まれている感覚を持てると、人間は「誰かのために何かしたい」という想いが、当たり前のように沸き起こってきます。

困っている人がいたら、その人に何かを伝えたくなる。

高く引き上げられたマインドで出逢う人たちの視点を、無自覚に引き上げていくことができるようになる。これはどんな人も獲得できる、まさに1つ抜きん出た雲の上の「マインドマスター」の視点です。

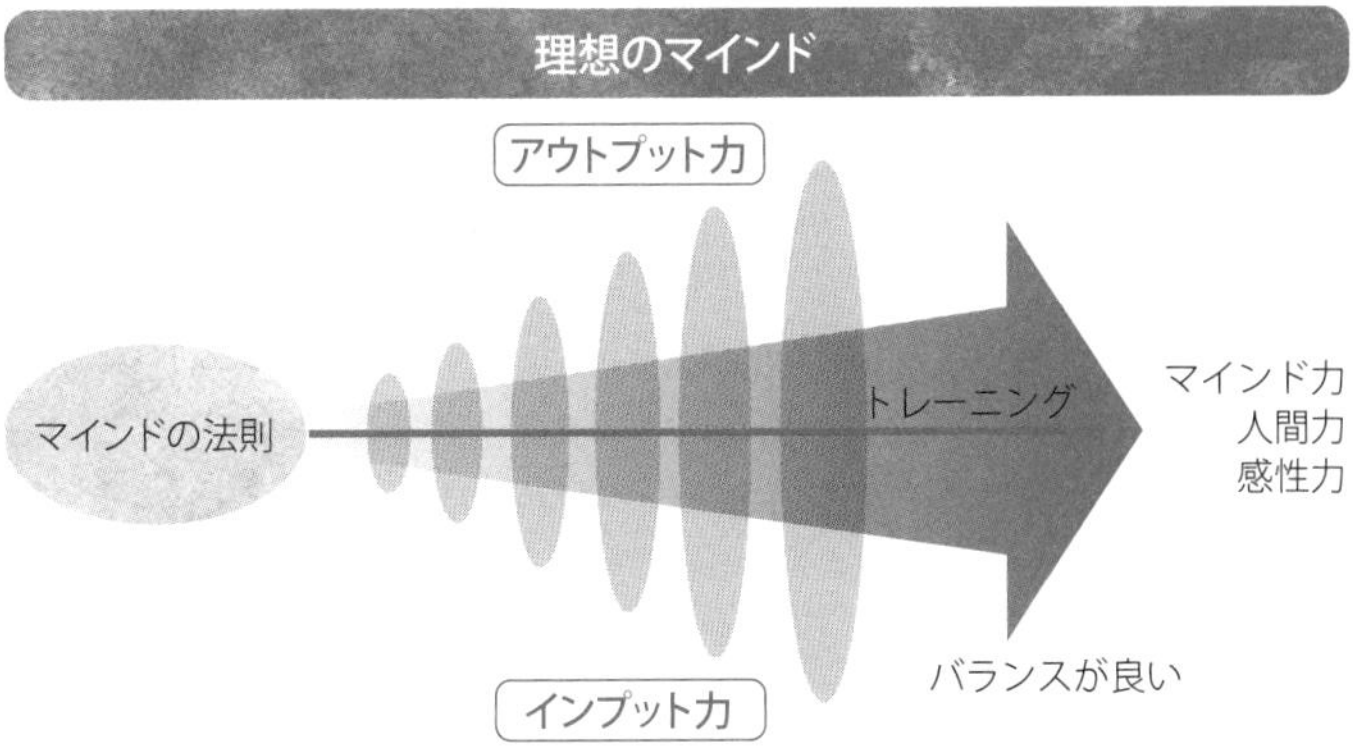

図 15　理想のマインドと片寄りのあるマインド

いわゆるイノベーションは世界のどこかで、自分以外の誰かが起こすもの、そう思う人はいまだに多いでしょう。けれど、実のところイノベーションは、あなたの外側で起きるのではなく、あなたの内側でのみ起こるものなのです。

世界のどこかの偉人が起こしたイノベーションが、あなたを取り巻く世界を動かしているのではなく、あなたの人生にとって重要な自らのマインドのパラダイムシフトこそが、周囲を、そしてあなたの世界を変えていけるのです。それをどうぞ忘れないでください。

そして、あなたの内側に眠るその潜在的なとんでもない力は、こうしているいまも、ずっと引き出されることを待ち望んでいるということも。

◆自分に当てはまる項目をチェックしてください。

A

①プライベートでもあまりハメを外すことはない。…………（1点）
②怒っている自分や悲しんでいる自分を
冷静に見ているもう一人の自分がいつもいる。…………（1点）
③相手の長所、短所やその個性の活かし方が初対面でわかる。…（3点）
④問われるのは「ミスしたことより、どうリカバーするか」であり、
それをいつも実践している。……………………………（2点）
⑤常に複数のプロジェクトや課題を並行して行ない、
同時に新たなアイデアを生み出している……………（4点）
⑥場面によって自分が何を求められているかを感じ取る能力が高い。（2点）
⑦どんなときも、自らの美学を貫いて生きている。…………（4点）
⑧自分のことを嫌っている人の幸せも無条件に願い、
自分を嫌うその気持ちを在りのままに受け止められる。…（3点）

A 合計＿＿＿点

B

①自分の感情を敏感にキャッチするタイプだ。……………（1点）
②海を思い描くと、波の音と潮の香りを感じることができる。…（2点）
③「どうしたらいいか」と誰かに訊く前に、
自分の心で感じれば、答えは自ずと見えてくる。…………（3点）
④「何が起こったか」ではなく、「そのとき何を感じているか」
を大切に行動している。……………………………（1点）
⑤感動が溢れて、言葉にならない瞬間が多々ある。…………（4点）
⑥ジャンルを問わずどんな映画を観ても、必ず目頭が熱くなる。（2点）
⑦たとえ初対面であっても、言葉を交わさずに
相手の揺れ動く感情をくみ取ることができる。…………（3点）
⑧「会って温かい人」より「離れて温かい人」を大切にしている。（4点）

B 合計＿＿＿点

C

①仕事でもプライベートでも四六時中、やりたいことが溢れている。（1点）
②「気がついたらやっていた」ということが多い。…………（2点）
③自分は「～すべきである」、「～ねばならない」と言わない。（3点）
④「したいこと」を「できる！」に変えるために、
わくわくしながら諦めずに実行していることがある。……（2点）

⑤人生の決定権は、いつでもどんなときも自分に在る。
そう思って行動する。……………………………………(1点)
⑥我を忘れ、無我夢中になることが多い。…………………(4点)
⑦「できるか／できないか」ではなく、
「したいか／したくないか」で判断・行動する。…………(3点)
⑧「人生は、とっ散らかして生きたって構わない」、
そう大胆に勇ましく生きている。…………………………(4点)

C合計＿＿＿点

D

①失敗しても、いつも未来のイメージが先にある。…………(1点)
②準備していなくても、企画書を素早く仕上げるのが得意。……(2点)
③「柔らかい」「暑い」と聞いて、どこか具体的な情景を
思い浮かべることができる。………………………………(1点)
④何事も「難しい」から面白い。「面白い」からワクワクすると
とらえて挑める。…………………………………………(4点)
⑤砂漠を歩いている自分を想像すると、のどが渇いてくる。……(3点)
⑥会話の中で、相手の話している世界に自在に入り込める。……(2点)
⑦自分の母親を野菜にたとえると何か？ という問いに
すぐに答えられる。………………………………………(3点)
⑧自分は、現在「ないもの」を、未来「あるもの」と宣言できる
不屈の精神を持った人間だ。………………………………(4点)

D合計＿＿＿点

E

①思っていることを、上手く表現できるタイプだ。…………(1点)
②誰もが「無理だ」という状況においても、まずはやってみる。……(2点)
③リンゴについて、10分以上、笑顔で語れる。………………(3点)
④「変化を恐れない心」を持ち、何事にもチャレンジしている。……(4点)
⑤言いたいことをストレートに、物怖じせずにわかりやすく伝えられる。(1点)
⑥初対面であっても、1対1で何時間でも本気の会話を
することができる。………………………………………(2点)
⑦「伝える」と「伝わる」の違いについてディベート（論議）できる。(3点)
⑧日常において、喜怒哀楽を素直に表現できる人間である。……(4点)

E合計＿＿＿点

◆A～Eの各項目ごとに合計点数を出し、次ページのマインドチャートに記入し、あなたの現在のマインドチャートを完成させてください。

マインドサイクル

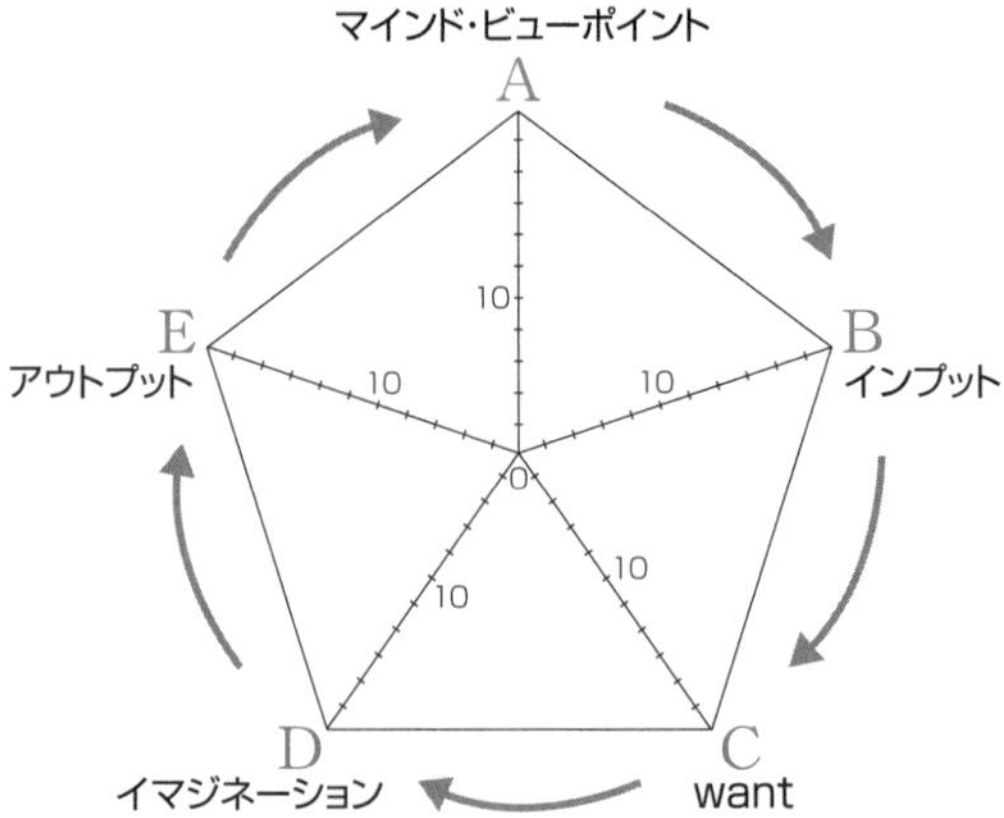

潜在能力を発揮するために必要な5つのマインド力、[want][イマジネーション][マインド・ビューポイント][インプット][アウトプット]をダイヤモンド型で表示したチャート診断です。[マインド・ビューポイント](A)から右回りに順に[インプット](B)、[want](C)、[イマジネーション](D)、[アウトプット](E)の点数を記入し、いまのあなたのマインドチャートを完成させてください。

最もクリエイティブなマインドであるダイヤモンドマインド

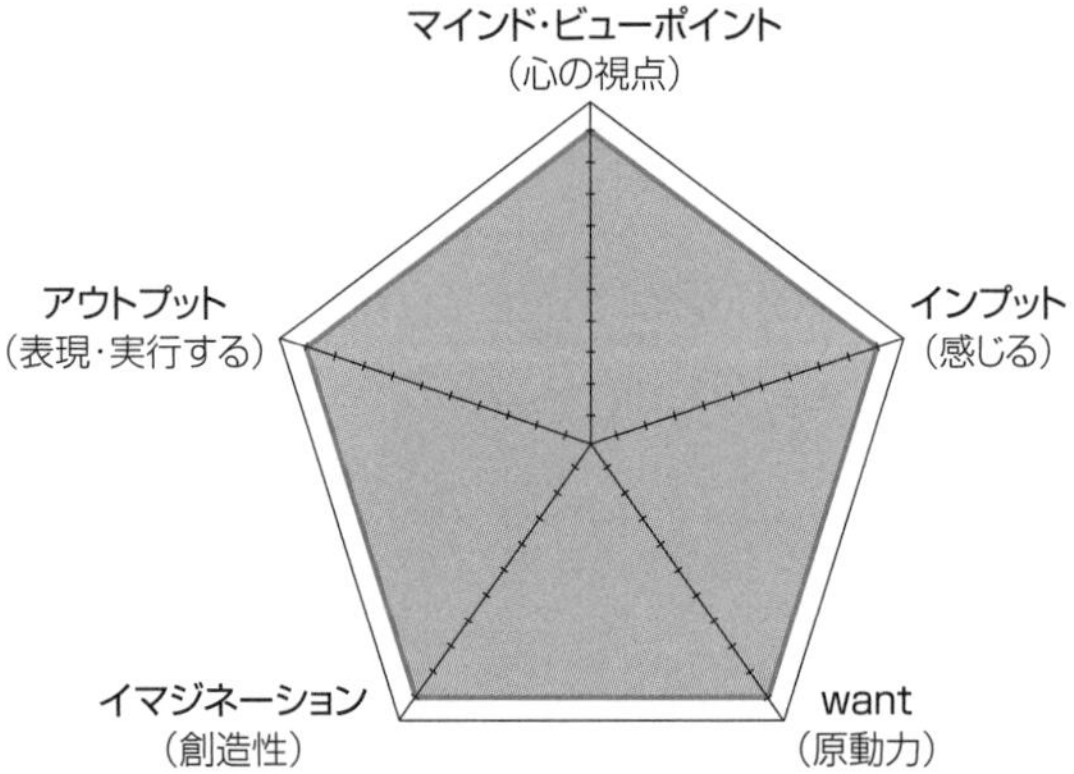

上図のような大きくきれいなダイヤモンド型が理想です。5つのマインド力にバランスよく磨きをかけ、潜在能力を発揮して、マインドマスターを目指してください。

エピローグ

すべては、覚悟から始まった

樹齢千年の大木をあなたは見たことがありますか。

数年前、旅の途中で偶然訪れた地で、私はその大木を目にしました。地面に巻き込むように根を張らし、大空に向かってそびえ立つ大木を前にして、私はその圧倒的な存在感に衝撃を受けたことをいまでも鮮明に覚えています。

その大木はただ「生」を全《まっと》うし、大自然の中でいまもなお自然体で生きている。語りきれない年輪を超えて、生き抜くことをひたすらに体現していました。そして地を這《は》うその根は見るものの想像をはるかに超えるスケールで、その大木を千年もの長い間支えてきたのです。陽が当たろうと当たるまいと、雨が降ろうと風が吹こうと、常に明日への希望を失わない。「何があっても平常心、在りのままに生きていく」その在り様が、その大木の生き様そのものでした。私はそこに「生命」のダイナミズムを強烈に感じました。

樹齢千年という歳月を生きながら、その木は「過去」から流れてきた時間ではなく、「未来」から流れてくる「いま」この瞬間を生きている。そこには「覚悟」がありました。「生きるということ」、それを全うするということ。

秋になれば葉は紅葉し、落葉する。春になれば花を咲かせ、また若葉を茂らす。未来を担っているのは地下に在る根っ子。人間でいえばそれが潜在意識。

図 16　人生にはいいときもあれば悪いときもある

たとえ自分を取り巻く世界が、ある日ガラリと変わっても、潜在能力を引き出しながら自らのチカラで生きていく。そのチカラを私たち人間もちゃんと持っている。大木との出逢いによって、そのことを私は、この先もまた続けていくのだと胸が熱くなりました。

そして、これから自分が何をしたいのか、どこに向かっているのか——「未来のビジョン」が一気に溢れ出してきました。大木のような在り方、存在、それこそが「愛」そのものなのだと感じられました。

人間力の源泉もまた、「愛」です。自分への愛が内側から溢れ出したとき、自らを取り巻く世界へと愛がつながっていく。そのことを深く体感できる時間。そして、じっくり自分の内側を掘り起こす場を創り出したい、それが〈3日間の心の実学セミナー〉誕生の原点となったのです。

必要なのは目に見えない根幹的な心へのアプローチ

〈心の実学〉ではこの「樹齢千年の木」をモデルにしたトレーニングを行ないます。

心の根っこの部分にフォーカスを当て、自分を掘り起こしていく内観トレーニング。人生のスケールの次元を一気に拡張させていきます。

人は、どうしても社会や他人の人生を表面的に見てしまう傾向があります。ある人を知ろうとした場合、その人は何をしている人か、会社勤めならば役職は何か、年収はどのくらいかなど、表層的な部分に意識が向きがちです。どんなものを着て、どこに住んでいるのか、目に見えている情報を頼りに人生そのものを判断しようとしてしまう。けれど、そういった情報というのは、人生のスケールを拡張してしまえば、実はそれほど重要なことではないのです。

問題なのは、その木の根っこが根腐れを起こしているかいないか、です。それは目に見えていない部分、人間でいえば潜在意識の領域を指します。顕在意識では、「早く葉をならしたい」「実を成らしたい」と焦ったり、動揺したりを繰り返しますが、根っこの部分が健康でないと、枝葉は育たず、実や花は咲くこともなく枯れてしまいます。

未来を担っているのは、地中に根を張る根っこの部分なのです。根腐れを起こしている心の根っこの部分は、根本的にケアしていくことがどうしても必要となるのです。

最初に苗木にとって必要なものは、水そして光です。マインドにおいても、成長したい「W

ant」によって、「イマジネーション」を働かせることで、樹齢千年の大木になるまで、「マインド・ビューポイント」を引き上げていく。そして、グングン根を伸ばし養分を吸い上げることで「感じる力＝インプット」を強くしていきます。

芽を出した苗木が、美しい花を咲かせ、実を成らす。つまり、「表現する、実行する＝アウトプット」ということ。

「マインド・ビューポイント」が高く高く引き上がることで、心のスポットライトはより一層、照らす範囲が拡がっていきます。光合成を行なうイメージで、苗木は根を拡げ成長を促すことができる。「スーパー・マインドビューポイント」まで引き上がることで、人生のスケールが格段に拡がるイメージです。

葉を茂らせ、花や実をつけていくだけでも優秀な苗木ですが、私はそこから群を抜いて成長していける、生え抜きの大木へと進化するマインドを創り上げたいと思っています。「心の視点を引き上げ、目に映るものではなく、一気に目に見えない何かを感じ取れるマインドを創り上げること。そして一人ひとりの潜在能力を引き出すこと」

樹齢千年の根っこのような太くてダイナミックなマインド。実が落ちても、すぐまた再起しリカバリーできる、そんな大木のようなマインドを育てたいと願って、日々、１つとして同じではないマインドを創り上げるため、様々なトレーニングを重ねているのです。

そのための〝心の業〟を体型化させた【マインドプロセスデザイン】は、実践の場によって生み出され、研究を重ね開発されたメソッドなのです。

パラダイムシフトはあなたにも起きる

どれほど心の視点が高く引き上がったとしても、それだけでは人生は豊かにはなりません。これは、背丈を伸ばした生え抜きの苗木も、鉢替えをして根を太く深く拡げられなければ、やがて成長が止まってしまうのと同じことです。

どんなに人から評価されても、地位や名誉を授かっても、心の根幹の部分に支障が生じてしまえば、養分を吸収できずに最後は栄養不良で枯らせてしまうでしょう。

長年、メンタルトレーニングに携わり、多くの人々のマインドと向き合ってきた私は、最終的には「どう生きるのか」の生き様の指針を担っていくのが「感性」であり、根底に絶対的な支えとなるものが、誰もが持ち得ている潜在的な「愛のチカラ」なのだと実感しています。

そのチカラが微力だと、やる気も変わる気もあるが、すべてに自信が持てず、どこか限界のフレームから抜け出せずにいる。人間が「やらない」という選択を無自覚にするゆえんです。「やる」を「いま」決めた人間が明日を変えていきます。

いつだって自分のマインドにフォーカスを向け、心のスポットライトを自分に照らすこと。心の視点が引き上がれば、マインドスポットは拡く世界を照らし出します。

その中に存在している自らのマインドが世界を取り込んだり、世界とつながったり自由自在に動き回る感覚を持つことができます。すると、どこにいても誰といても、自分はちゃんとこの世界に存在しているということを体全体で感じられるようになれる。

心の視点と視座が変われば、例外なくパラダイムシフトが起きます。それが【マインドの法則】だからです。

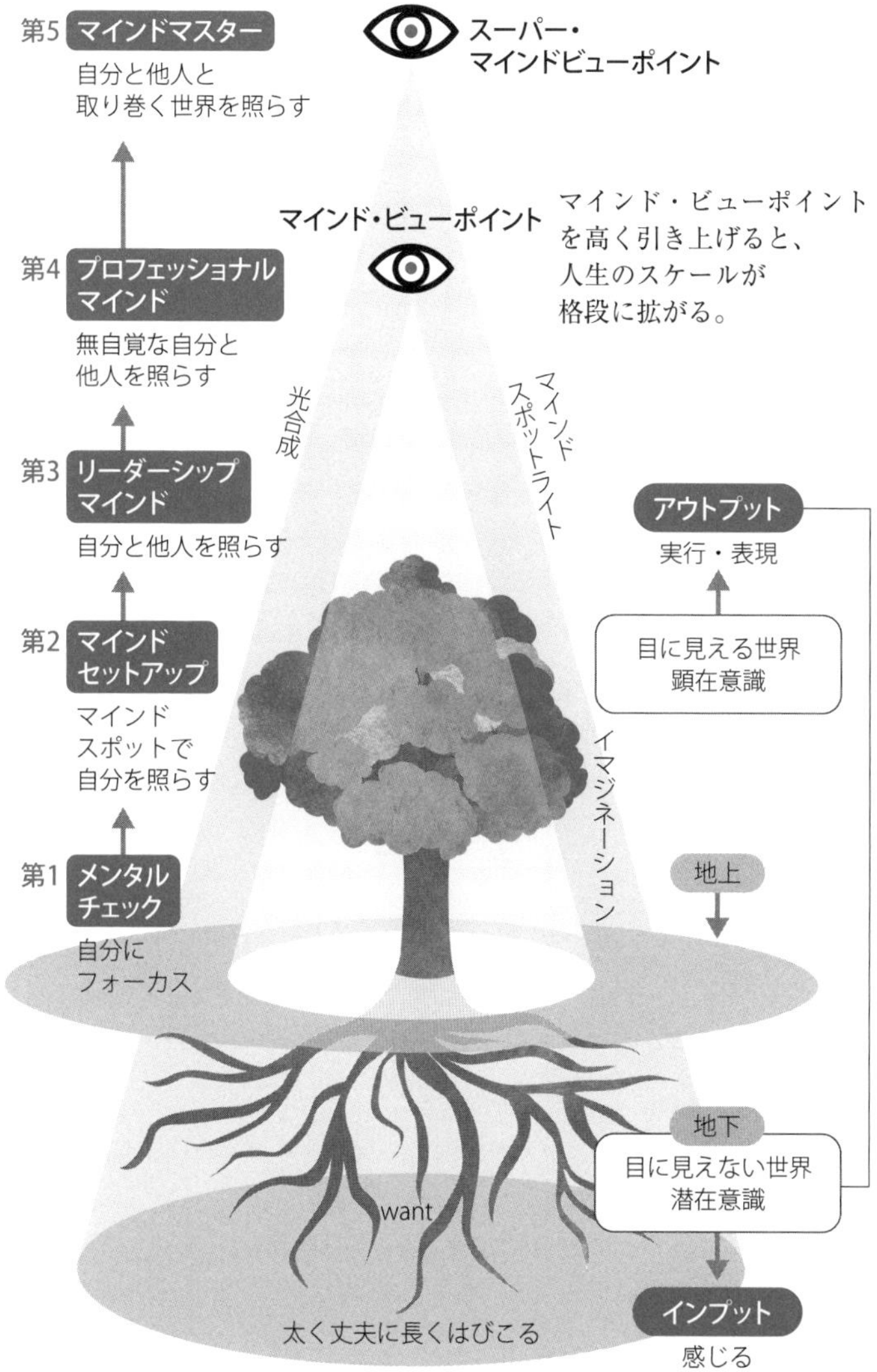

第5 マインドマスター
自分と他人と
取り巻く世界を照らす
スーパー・
マインドビューポイント
マインド・ビューポイント
マインド・ビューポイント
を高く引き上げると、
人生のスケールが
格段に拡がる。
第4 プロフェッショナル
マインド
無自覚な自分と
他人を照らす
光合成
マインド
スポットライト
第3 リーダーシップ
マインド
自分と他人を照らす
アウトプット
実行・表現
第2 マインド
セットアップ
目に見える世界
顕在意識
マインド
スポットで
自分を照らす
イマジネーション
第1 メンタル
チェック
地上
自分に
フォーカス
地下
目に見えない世界
潜在意識
want
太く丈夫に長くはびこる
インプット
感じる

図 17　スーパービジョン（スーパー・マインドビューポイント）

おわりに

【マインドの法則の真価】――心を鍛えていく時代――

「いま」あなたは「何を」感じていますか。

「自分に潜在能力があるのなら、その力を引き出してみたい」

そんな希望と期待が入り交じる中で、

「本当に自分の人生も変わるのだろうか」

といった不安、そして確信を求めているのではないでしょうか。

本書でも繰り返しお伝えしてきました、「人生は劇的に変わる」この言葉をあなたがどう受け止め、どうあなたの人生と結びつけていくのか、それがあなたの、そして私にとっての最も重要な課題となります。

【マインドの法則】は伝えて終わりではなく、伝えた時点で運命共同体なのです。本書の目的は、〝法則〟をお伝えすることでも成功事例の実録でもありません。あなたが自らの潜在意識の無限の可能性を、あなた自身が信じる勇気を持ち、在りたい未来をあなたの人生においてつかみ取っていただくために在るのです。

私のこれまでの経験において断言できること。

それは、「人生を変えたい」と私のもとを訪れた人の中で、変わらなかった人は一人もいない、ということです。

「人生を変えられない人」などいません。変えられるかどうかではなく、無自覚な意識が変わりたいのかどうか。つまり、変わるつもりがあるかないかだけなのです。

世間には「人生を変えたいと言いながら、変えるつもりのない人」が山ほどいます。これは別に性格が天邪鬼だからとか、ひねくれているとか、そんな意味ではなく、意識できている自分、つまり顕在意識の自分がすべてだと信じているからです。

「やれる範囲・できる範囲」の人生を望むのであれば、それで何も問題はないのです。ただ、その中で、人生をより良くしようと懸命に生きている真面目な人間が「幸せ」を感じられずに、「いま」を受け入れて過ごしているという現状に、私はもどかしさと悔しさを覚えるのです。

私のミッションは、そうした人々のマインドのパラダイムシフトを起こし、人生を劇的に変えること。

そのために必要なマインドを鍛え磨き上げていくこと。

そして何より一人ひとりが、自分が自分に感動できる人生を手に入れること。

その感動が一人の内側に起こることで、周囲の人をも勇気づける。そうして誰かに勇気を与えることで、その人はさらに輝きを増す存在となる。

こうした心の連鎖を引き起こしていくことは必ずできる。そのことをこれまでのトレーニングの現場で私のクライアントがまさに実証してくれました。

自分の人生をちゃんと生きるということ。きっと誰もがそれを望んでいます。

矛盾だらけで、混沌《こんとん》としたこの時代を「生きていく」ことは、生半可なことじゃない。

けれど、だからこそ素晴らしい、そう感じることのできるマインドを、どうぞあなたも一刻も早く手に入れてください。

その鍵を握るのは無自覚な潜在意識に眠るもう一人のあなた自身です。

何もかも信じられなくなってやりきれない、そんなときこそ、

「何がなくても、自分がいる」

そう思うことができれば、あなたの潜在意識はとんでもない力を引き出してくれます。

【マインドの法則】は、自らの人生を価値あるものにするために、あなた自身が活用してこそ意味あるものとなります。

潜在能力を人生で活用することの本当の意味をあなたもまた、この先の人生において知ることになるでしょう。

この本がそのための〝未来へのパス〟となることを心から願っています。

久瑠あさ美

プロフィール

久瑠あさ美 Asami Kuru

株式会社kuru's place 代表取締役　マインドデザイン研究所 所長
ff Mental Room 代表/メンタルトレーナー/作家

日本心理学会認定心理士。日本産業カウンセリング学会会員。日本芸術療法学会会員。
トップアスリートの本番で潜在能力を発揮するメンタルトレーニングに積極的に取り組み、注目を集める。企業経営者、各界アーティスト、ビジネスパーソンなど個人向けのメンタルトレーニング実績は、延べ10万人を超える。多くの大学、教育団体に向けて「マインドの法則―心の在り方」の講義、全国の企業への講演会も多数。

マインドデザイン研究所においては、20年のトレーニングの実践の場で実証された「心の業〈ワザ〉＝潜在意識の扱い方」を体系化し、【マインドプロセスデザイン】―感性kuruモデル―を構築。
心の視点を引き上げる「マインドの法則」は、時代・産業を問わない普遍的なパーパス（存在意義）マネージメントを実現し、「志業家」育成や新事業ブランドプロデュース、各企業の理念に基づいた事業構築を支援している。

企業研修では「新・行動変革プログラム」「潜在能力を引き出すマインド研修」「次世代型新人教育支援」を実施するとともに、企業内に人財を育成する持続可能な仕組み創りを共創。
これまでの知見を活用し、【「ヒト・モノ・コト」×潜在意識】つまり「無自覚な心の扱い方」を入れ込むことで、目に見えない"間"にある「潜在的な価値」を創出し、社会貢献事業に参画。
【マインドプロセスデザイン】によるコンテンツを基にしたアプリ用プログラムも開発。近年は、日立製作所〈ハピネスプラネット〉とのコラボ企画において新たなアプリケーション事業の研究開発に従事している。

人間の無意識の行動変容を、〈環境×マインド〉という人間工学に基づいた新しい観点から、マインド空間デザインのプロデュース、そしてウェルビーイングなマインド空間に特化した住宅、職場、医療、介護施設の建築、設計に携わるなど、活動は多岐に渡る。

毎月開催される本格的な体感トレーニング、〈心を創るマインド塾〉〈メンタルトレーナー養成塾〉〈春期・秋期「マインドの法則」"心の実学"集中セミナー〉を主宰。〈鏡面感覚トレーニング〉〈コラージュトレーニング〉など感性を高める実践的なプログラムを構築。
雑誌・テレビ・ラジオなどメディア出演も多数。
ベストセラー『復刻版 人生が劇的に変わるマインドの法則』をはじめ、『一流の勝負力』『未来を決める勇気』『久瑠あさ美のイキザマ革命』など累計120万部を超える。

ff Mental Room
ホームページ http://ffmental.net/

kuru's placeホームページ
http://kurusplace.com/
【マインドの法則】の学びを体感できる
――観た！聞いた！学んだ！

マインドデザイン研究所
ホームページ
https://mind-design-labo.com

久瑠あさ美チャンネル
[ff Mental Room HP トップページから
無料動画視聴可]

久瑠あさ美のメンタル・ブログ
http://blog.livedoor.jp/
kuruasami/

久瑠あさ美の人生が劇的に変わる
メールマガジン マインド塾

久瑠あさ美の講座 ご案内

◆『心を創るマインド塾』
【毎月第2土曜日/東京にて開催】
～はじめてのメンタルトレーニング～
●「初回メンタルチェック診断+講義」コース
●半日フル体験5.5時間コース
●1day体験8時間コース

◆『メンタルトレーナー養成塾』
【毎月第2土曜日/東京にて開催】
1day 体験コース

◆『マインドの法則“心の実学”集中セミナー』
【年2回/春・秋開催】
●春期コース
「メンタルブロックを外す講義&ワーク」
●秋期コース
「潜在能力を引き出す講義&ワーク」

◆『パーソナルトレーニング』
初回メンタルチェック診断コース
※90分/60分枠でご予約お取りします。

◆『鏡面感覚トレーニング』
【毎月第3土曜日/東京にて開催】
●初回体験3時間コース

◆『コラージュトレーニング』
【毎月末日曜日/東京にて開催】
●初回体験3時間コース

◆『久瑠あさ美のサロンクラス』
【ブログにて各回告知】

主な講演実績

●ダイワハウス「潜在能力を引き出すマインドの法則」
●日本産業カウンセラー協会「カウンセラーに必要な心の在り方」特別基調講演会
●三菱UFJ銀行 三菱グループ「人生が劇的に変わるマインドの法則」開東閣
●税理士法人 K&K Japan 総会「マインドの法則～潜在能力の引き出し方」講演会 セルリアンホテル 500名
●バイエル薬品株式会社「エクスペリメントとの行動育成に向けて」役員トップリーダー研修
●日本メドトロニック株式会社「マインド塾～未来に一流で在る為に～」
●（株）資生堂「顧客の潜在ニーズを読み解くマインド研修」選抜メンバー 1泊2日強化合宿
●三菱UFJ銀行 管理職リーダー「潜在能力を引き出すトップマインド研修」
●東芝テック株式会社「未来を動かす"タイムマネジメント"～メンタルトレーナーが教える72時間メソッド」100名 ゲートシティホール
●TOTO株式会社 ユニオン支部「潜在能力を発揮するマインドの創り方」
●東芝テック株式会社「メンタルトレーニングで美人は創れる」80名 ザ ランドマークスクエア トーキョー
●バイエル薬品株式会社「エクスペリメントとの行動育成に向けて」
●三菱UFJ銀行 マネジメント・指導力の強化 リテール拠点の新任課長 50名「生き様役創り研修」
●カネボウ化粧品「潜在的価値の創出に向けての開発」開発チーム研修
●コクヨ（株）「未来を動かす時間術」開発チーム研修
●住友生命相互保険「営業社員のメンタルトレーニング」
●三菱重工株式会社 硬式野球部「社会人野球チームのメンタル強化（勝つべき試合で勝つべき相手に勝てるチーム作り）」
●株式会社ミクニ「メンタルブロックを外すマインド研修」選抜メンバー1泊2日強化合宿
●ゴルフダイジェスト社「ゴルフが劇的に上手くなるメンタル術」80名
●株式会社ミクニ「突破力を引き出すマインドを創る」研究開発チーム選抜メンバー 研修セミナー本社ビル
●三菱UFJ銀行 支店長研修「人間関係"コミュニケーション力"を引き出す"役創り研修"」MUFGグローバルトレーニングセンター
●産経新聞社サンケイリビング「働く女性の部活 新米リーダー部」
●（公財）佐賀県市町村振興協会「リーダーシップマインド1日研修」女性管理職
●東芝テック株式会社「潜在能力を発揮する『マインドの法則第2弾!』」ツインメッセ静岡フェア
●株式会社セブン&アイHLDGS 池袋コミュニティカレッジ 「久瑠あさ美のはじめてのメンタルトレーニング講座」
●中部学院大学「各務原ライフカレッジ」中部学院講堂
●北九州中小企業経営者協会 第262回例会 100名 リーガロイヤルホテル
●日本ゴルフ学会「ゴルフおよび他のスポーツにおける研究成果の発表」
●株式会社ミクニ「トップリーダーの潜在能力を引き出す体感トレーニング」300名
●所沢商工会議所青年部「経営者のためのメンタルトレーニング術」
●（公財）佐賀県市町村振興協会「リーダーシップマインド研修」
●ヤマハ発動機株式会社「ヤマハ講演会」450名
●エーザイ株式会社 ユニオン「未来を向いて働くための心構え」
●日本電気株式会社（NEC）「潜在能力を発揮する『マインドの法則』」
●株式会社ダリア「自己を知るリーダーの哲学」
●桃山学院高等学校「大学受験を乗り切るためのメンタリティ」高校 3年生と教員、保護者
●TVQ九州放送 日経ウーマン「福岡キャリア塾2015」「未来を動かす時間術～人生が劇的に変わる"マインドの法則"」1000名
●北海道銀行 各信用金庫、信用組合の理事長 京王プラザ札幌
●西武百貨店池袋コミュニティカレッジ「時間術」「心の授業」
●川口市役所 男女共同参画のつどい「人間関係が良くなる心の法則」500名 川口駅前市民ホールフレンディア
●NHK文化センター 時間塾～72時間手帳術で人生を変える～
●幻冬舎『DRESS』イベント「実力以上の美人オーラの創り方講座」
●三菱UFJフィナンシャルグループ MUFG人事部門 三菱UFJ銀行本館 グループ63社の人事担当役員・部長職「マインドの創り方～社員・部下の意識・視点を引き上げる～」
●株式会社鴻池組 大阪本店「一流の勝負力～成功者が実践しているメンタルトレーニング術」
協力業者の経営層、現場監督の職長・安衛責任者 500名
●碧南三菱UFJ懇話会 取引先経営者層 衣浦グランドホテル
●高山市職員労働組合連合会女性部「一人ひとりこうありたい自分を実現させるために」
●豊島区さくら小学校 PTA主催 家庭教育講座「潜在能力を引き出す子育て」
●大崎建設株式会社 安全衛生大会「世代を越えるマインド空間とは」
●慶應義塾大学環境情報学部『組織設計と戦略』特別講義「メンタルトレーニングの可能性」
●水戸信用金庫:みとしん経営研究会・青年重役会合同セミナー「マインドの法則～潜在能力の引き上げ方」
●ワコール労働組合・資生堂労働組合合同セミナー「働く女性が輝くために」
●沖電気工業株式会社:信金沖システム総会「マインドの創り方～潜在能力を引き上げる～」
●建設業労働災害防止協会東京支部:安全衛生推進大会「一流の勝負力～成功者が実践しているメンタルトレーニング術～」
●アース製薬株式会社:アースモンダミンカップ「潜在能力を発揮するマインドの創り方」
●セイコーエプソングループ・アトミックス労働組合「一流の勝負力～職場でやりがいを見いだすために」
●アースデー飛騨高山『地球を愛の星に』「人生が劇的に変わる!マインドの法則」
●日本経済新聞社:WOMAN EXPO TOKYO 2014
●日経WOMAN Networkingフォーラム 東京ミッドタウンホール 1800名「なりたい自分になるための潜在能力マネジメント」
●一般社団法人関青年会議所 4月例会「一流の勝負力～逆境を乗り切るメンタル術」
●豊島区学習・スポーツ課 生涯学習グループ「子どもの潜在能力を引き出す心の創り方」
●日本プロテニス協会「選手の潜在能力を引き出すコーチマインド」
●日本コンサルタントグループ:NU茶屋町「マインドの創り方」
●阪急阪神ビルマネジメント「マインドの創り方」
●四国生産性本部「企業のメンタルヘルス対策～ストレスコントロールと自己管理」
●宮崎銀行「潜在能力を発揮するマインドの法則」
●静岡銀行:静交会「在りたい自分の心を創る」メンタルトレーニングの意義
●公益財団法人関西生産性本部・公益社団法人関西経済連合会:「インテリジェントアレー撰檀塾」
●クラブ関西「潜在能力を引き出すパーパス経営」講演会
●上越タイムス社:「上越タイムス広告会」講演会
●池袋西武:コミュニティカレッジ/「マインドの法則」特別講座
●社団法人YPO 名古屋「経営者のためのメンタルトレーニング」講演会
●慶應義塾大学:藤沢キャンパス 政策メディア学部にて講義
●JAIFA神奈川県協会:「セールス向上のためのメンタルトレーニング」
●健康食品販売会社:記念講演会/リッツカールトン大阪
●豊島区学習・スポーツ課 生涯学習グループ「メンタルトレーニングで親力を引き上げる」
●致知出版社:「新春・致知愛読者の集い特別講演」講演会講師
●東急電鉄:フクラモ 500名 本社大ホール
●東濃信用金庫:リーダーシップ研修などその他多数
●NEC:「C&Cユーザーフォーラム&iEXPO2012」特別講演講師1500名 国際フォーラム
●青森県庁:人財育成「あおもり立志挑戦塾 青少年リーダー育成研修」
●東京ガス:保安キャンペーン講演会講師 本社ビル
●静岡銀行:「Shizugin Ship セミナー」リーダーシップ研修講師
●ヤマハ発動機（株）:ヤマハ発動機秋季講演会講師
●（株）日立ソリューションズ:プレミアム会員向けWebサービス「久瑠あさ美のメンタルトレーニング講座」
●（株）日立ソリューションズ:Premium Workshop（管理職向け研修）講師
●東京急行電鉄（株）:二子玉川しごと力ゼミナール［フクラモ］レギュラー講師
●カネボウ化粧品「開発本部向け研修」
●アース製薬「モンダミンカップ」女子プロゴルファー向け「一流の勝負力とは」
●日本産業カウンセラー協会「潜在意識に働きかける実践プロフェッショナル"心の業"とは」
●一般社団法人 クラブ関西「well-beingな社会を創出するマインド〈心の視点と視座〉」
●GFKマーケティングジャパン株式会社「成功者が実践しているマインド1day研修」

書籍一覧

『一流の勝負力』
〜成功者が実践しているメンタルトレーニング術』
（宝島社）
『人生が劇的に変わるマインドの法則』
〜たった3つのプロセスが「在りたい自分」の心を創る〜
（日本文芸社）
『このまま何もしないでいればあなたは1年後も同じだが潜在能力を武器にできれば人生はとんでもなく凄いことになる』（KADOKAWA）
『ジョハリの窓—人間関係がよくなる心の法則』
（朝日出版社）
『マインドの創り方:「潜在意識」で人生を好転させる』
（三笠書房）
『マリアスイッチで愛する力が動き出す』（講談社）
『自分を超える勇気〜魔物に打ち勝つメンタル術〜』
（KKベストセラーズ）
『人生をガラリと変えるメンタルトレーニングオーラのまとい方
（KADOKAWA）
『マインドバイブル〜一瞬でコンプレックスを自信に変える77の言葉〜』（学研パブリッシング）
『最高の自分を創る「勘違い」の才能』(青春出版社)
『あなたの「限界の壁」をぶち破る!マインドフォーカス』
（アース・スター・エンターテイメント）
『プロフェッショナルへの道』（致知出版社）
『人生が劇的に変わるマインドの法則』〜コンビニ版〜
（日本文芸社）
『幸せな女、幸せになりたい女』（サンマーク出版）
『メンタルトレーナーが教える 未来を動かす時間術』
（秀和システム）
『潜在意識で体は変わる!「マインドダイエット」』
（PHP研究所）
『メンタルトレーナーが教える恋を叶える“心の法則”』
（ヒカルランド）
『人生が劇的に変わるマインドの法則』〜文庫版〜
（日本文芸社）
『メンタルトレーナー久瑠あさ美のマインド育児』
（主婦の友社）
『メンタルトレーニングで美人は創れる』（宝島社）
『トップアスリート、一流経営者たちがこぞって受ける ＜小さな自分＞から脱皮する心の授業』（大和書房）
『なぜあの子は天才なのか』（ハチノスプロ）
『自分繁盛 最高の人生を創るお金とマインドの法則』
（リベラル社）
『72時間をあなたの手帳で管理すれば、仕事は劇的いうまくいく』（日経BP社）
『このまま何もしないでいればあなたは1年後も同じだが潜在能力を武器にできれば人生はとんでもなく凄いことになる』〜文庫版〜（KADOKAWA）
『あなたの人生を劇的に変える!マインドの法則 〜実践ワーク〜』（日本文芸社）
『何もかも思いのままにできる人のマインドスイッチ 365の極意
（主婦と生活社）
『手帳に書くだけで潜在能力が引き出される"未来を動かす手帳術"』（扶桑社）
『復刻版 人生が劇的に変わる マインドの法則』
(Clover出版)
『未来を決める勇気〜マインドの法則でパンデミックを生きぬく〜』（ワニ・プラス）
『久瑠あさ美のイキザマ革命』（国書刊行会）
『潜在能力を引き出すメンタル論“空飛ぶゴルファー”』
（ゴルフダイジェスト社）
『復刻版 潜在能力を引き出す極意 マインドの法則 実践ワーク』（Clover出版）
近日発売 仮『マインドプロセスデザインー潜在的価値の創出ー』（KKベストセラー）

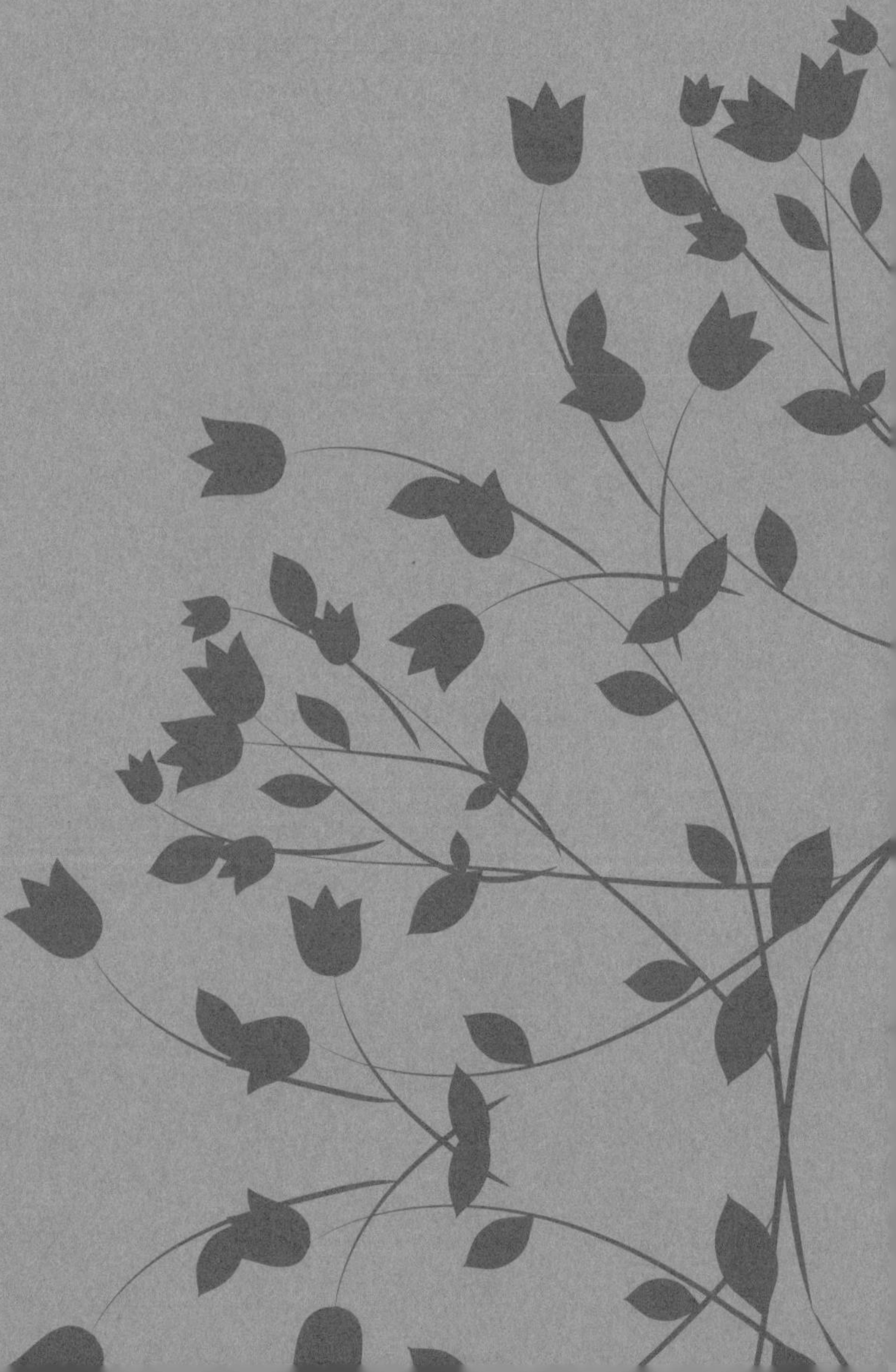